Resilienz

Ella Gabriele Amann

2. Auflage

HAUFE.

Inhalt

Vorwort

Die neue Arbeitswelt: Wir nehmen sie wahr als schnelllebig, mehrdeutig, komplex, unsicher, unberechenbar. Planen war gestern, heute zählt rasantes Reagieren. Seit über einem Jahrzehnt verzeichnen wir einen dramatischen Anstieg von Stresserkrankungen. Burn-out ist in aller Munde.

Wir wünschen uns mehr Widerstandskraft und Flexibiliät, um mit den großen und kleinen Krisen, die Veränderungen mit sich bringen, besser umgehen zu können. Doch woher sollen wir diese Fähigkeiten nehmen?

Die Lösung lautet Resilienz. Die Resilienzforschung zeigt Wege auf, wie es gelingen kann, mit Belastungen in angemessener Weise umzugehen und dabei psychisch wie auch physisch gesund zu bleiben.

Ich möchte Sie in diesem Buch einladen, das Thema Resilienz für sich, Ihr Team oder Ihr Unternehmen zu entdecken. Kommen Sie mit Sicherheit stark durch schwierige Situationen und machen Sie sich fit im Umgang mit Krisen und turbulenten Zeiten!

Ella Gabriele Amann

Das Phänomen Resilienz

Warum gelingt es manchen Menschen und Organisationen, aus Krisen und Phasen hoher Belastungen gestärkt hervorzugehen und warum zerbrechen andere förmlich an diesen Herausforderungen?

In diesem Kapitel erfahren Sie,

- was Resilienz bedeutet,
- von welchen Faktoren unsere Widerstandsfähigkeit beeinflusst wird,
- warum Krisen nicht immer etwas Schlechtes sein müssen,
- warum wir Resilienz erlernen können.

Was es heißt resilient zu sein

Resiliente Menschen können mit Druck oder Belastungen so umgehen, dass sie nach diesen Phasen der Anspannung wieder in ihre ursprüngliche Form zurück finden:

- Kranke werden wieder gesund.
- Traurige Menschen werden wieder glücklich.
- Gestresste finden wieder zu Ruhe und Gelassenheit.
- Überarbeitete können sich erholen.
- Lebenskrisen werden überwunden und wirtschaftliche Probleme werden gemeistert.

Vergleichbar mit unserem Immunsystem, welches unseren Körper vor Krankheiten schützt, steht die Resilienz für das Immunsystem unserer Psyche oder unserer Seele, welches uns beim Umgang mit Stress, Belastungen und Krisen unterstützt.

Die Resilienz einer Person oder auch Organisation wird dabei nicht als ein fixer Zustand angesehen, den man einmal hat und dann für immer beibehält, sondern als ein lebenslanger Lernprozess. Unsere Resilienz und damit Widerstandskraft kann also von Kontext zu Kontext anders ausfallen und in verschiedenen Phasen des Lebens unterschiedlich stark ausgeprägt sein.

Beispiel

Walter Stark ist heute Geschäftsführer eines mittelständischen Unternehmens. Er erinnert sich gut an das Jahr 2008. Die Wirtschaftskrise traf das Unternehmen ganz plötzlich. Innerhalb weniger Wochen musste er mehrere Kündigungen aussprechen und Abfindungen aushandeln. Es traf vor allem die älteren Mitarbeiter. Für ihn war es kaum zu ertragen, wie viel kompetente und loyale Kollegen er gehen und in eine ungewisse Zukunft entlassen musste.

Zur gleichen Zeit wurde bei seiner Frau eine schwere Krankheit diagnostiziert. Sie musste für drei Monate ins Krankenhaus und hatte anschließend noch einen langen Reha-Aufenthalt vor sich. Von heute auf morgen stand Herr Stark mit zwei kleinen Kindern alleine da. Er musste nun nicht nur für die Firma in Vollzeit da sein, sondern ebenfalls für seine Kinder und für seine Frau – ein Spagat, der ihn bis an seine Grenzen brachte. Trotzdem hat er ihn gemeistert. Heute ist seine Frau wieder gesund und die Firma hat sich erholt.

Wenn Walter Stark heute an diese Krisenzeit zurückdenkt, dann weiß er manchmal nicht, wie er das alles geschafft und überstanden hat. Er weiß nur, dass die Ereignisse seine Familie noch enger zusammengeschweißt haben. Ohne das Verständnis seitens der Firma und die tatkräftige Unterstützung seiner Eltern hätte er die Situation nicht meistern können. Und er weiß, dass ihm – trotz aller Ängste und Sorgen – seine optimistische Grundhaltung, sein Humor und seine Zuversicht nie abhanden gekommen sind.

Die Wissenschaft hat im Rahmen von Langzeitstudien herausgefunden, dass etwa ein Drittel der Menschen diese Widerstandsfähigkeit in Krisen und schwierigen Situationen besitzt, die sie aus solchen sogar gestärkt hervorgehen lässt. Manche Menschen zeigen dieses Talent schon in sehr jungen Jahren, andere entwickeln es erst im Laufe der Zeit.

So können z. B. eine schwere Krankheit, eine Trennung oder ein unerwarteter Jobwechsel dazu führen, dass wir alte Lebensmuster hinterfragen und eine neue, positive Einstellung zum Leben entwickeln.

Beispiel

Ein ehemaliger Topmanager: „Heute, nach meinem Burn-out, setze ich ganz andere Prioritäten. Ich versuche nicht mehr es jedem Recht zu machen! Ich habe gelernt auch auf meine Bedürfnisse zu achten."

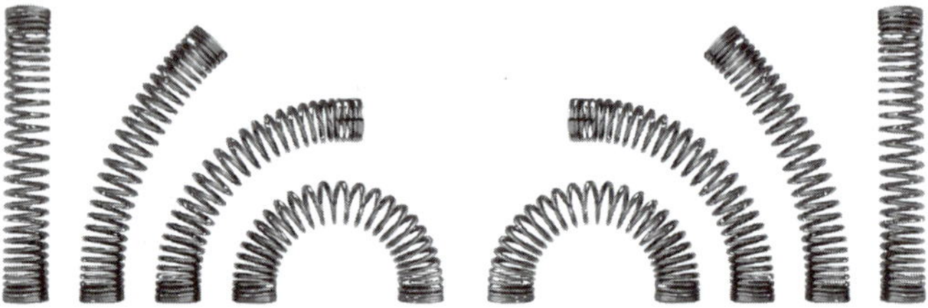

Wieder auf die Beine kommen

Der Begriff Resilienz (engl. resilience = Elastizität, Spannkraft; lat. resilire = zurückspringen, abprallen) stammt ursprünglich aus der Physik und bezeichnet dort die Fähigkeit eines Werkstoffes, sich verformen zu lassen und hinterher dennoch in die ursprüngliche Form zurückzufinden. Resilienz steht daher allgemein für die Toleranz eines Systems gegenüber Störungen.

In der Psychologie wurde der Begriff aufgegriffen. Er umschreibt dort die Fähigkeit eines Menschen, sich trotz widriger Umstände, Niederlagen, Kümmernisse und Krankheiten, zu erholen und neu aufzurichten. Resilienz steht für psychische Robustheit oder auch psychische Elastizität. In der deutschen Sprache kennen wir zur Umschreibung dieser Eigenschaft das Bild des Stehaufmännchens.

Warum einige Menschen widerstandsfähiger als andere sind

Die Grundlagenforschung zur Resilienz hat im Rahmen von Langzeitstudien herausgefunden, dass es eine Reihe von Schutzfaktoren gibt, welche die Widerstandsfähigkeit eines Menschen im Umgang mit Krisen erhöhen können. Sie werden in innere und äußere Schutzfaktoren unterteilt.

Die inneren Schutzfaktoren

Innere Schutzfaktoren sind in der Person selbst begründet. Sie sind zum Teil genetisch in uns verankert oder sie werden über Erziehung, Lern- und Krisenerfahrungen von der Kindheit bis ins hohe Alter herausgebildet. Zu ihnen gehören z.B.

- Charakter- bzw. Persönlichkeitseigenschaften
- Innere Haltungen, Einstellungen, Überzeugungen,
- Talente, Begabungen, Fertigkeiten,
- Erfahrungen und Kompetenzen.

Charakter- bzw. Persönlichkeitseigenschaften

Resilienz ist unter anderem abhängig von Eigenschaften, die man dem Charakter oder der Persönlichkeit eines Menschen zuordnet. So hat die Forschung festgestellt, dass Kinder mit einer hohen Resilienz schon früh eine gewisse Hilfsbereitschaft aufweisen, gerne Probleme lösen und in der Lage sind, eine realistische Weltsicht zu entwickeln. Auch schreibt man resilienten Menschen Humor zu und eine hohe Kommunikationsbereitschaft.

Beispiel

Als Führungskraft musste Herr Stark lernen, mit unterschiedlichen Sichtweisen und Bewältigungsstrategien seiner Mitarbeiter umzugehen. So gab es einen Mitarbeiter, den Controller der Firma, der sich bei der Umstrukturierung für alles sehr stark verantwortlich fühlte. Er war darauf konzentriert zu sehen, was alles schief lief, wo es Probleme gab und welche Nachteile z.B. das neue Computersystem mit sich brachte. Für diesen Mitarbeiter war es extrem wichtig, regelmäßig über seine Sorgen und Befürchtungen zu sprechen. Er brauchte die Sicherheit, dass seine Hinweise Beachtung fanden. Herr Stark bemerkte, dass die wöchentlichen Teammeetings hierzu nicht ausreichten. Erst als er sich jede Woche auch auf ein kurzes persönliches Gespräch mit seinem Controller zusammensetzte, konnte dieser all seine Bedenken – aber auch seine Verbesserungsvorschläge – anbringen, was ihn deutlich entspannte und wieder produktiver sein ließ.

Herr Stark erkannte ebenso, dass es auch ein paar Mitarbeiter gab, die die Veränderungen nicht unter Stress setzten. Sie begrüßten das neue Computersystem von Anfang an und sahen die Erleichterungen und die neuen Möglichkeiten, die es für sie brachte. Er beschloss dem Positiven mehr Raum zu geben und lud diese Mitarbeiter dazu ein, in Meetings von ihren Erfahrungen ausführlicher zu berichten, ihre Erfahrungen und Ideen mit den Kollegen zu teilen, was den Lernprozess anregte und das Stimmungsbild im Team insgesamt verbesserte.

Innere Haltung, Einstellungen, Überzeugungen

Neben den Charaktereigenschaften spielen Haltungen und Einstellungen, die der Mensch im Laufe seines Lebens entwickelt, eine entscheidende Rolle für seine Resilienz. Resiliente Menschen können z.B. eher akzeptieren, dass Krisen,

Krankheiten und belastende Ereignisse zum Leben dazu gehören. Sie sehen das Glas nicht halb leer, sondern halb voll und sind weniger auf die Fehler, die sie machen, fixiert, sondern können ebenso gut erkennen, was ihnen gut gelingt und worin sie erfolgreich sind. Resiliente Mitarbeiter fallen nicht gleich aus allen Wolken, wenn sie hören, dass ihre Firma bald von einer anderen übernommen werden soll. Sie reagieren im ersten Moment vielleicht ebenso überrascht über diese Nachricht wie andere, sind dann aber eher interessiert an den neuen Umständen als geschockt.

Ob wir ein Geschehen als eine Krise einstufen oder nicht, hängt in einem großen Maße davon ab, wie wir die Situation beurteilen und welche Erwartungshaltungen wir an das Leben, an die Arbeit und an die Gesellschaft haben. Wer überzeugt davon ist, dass er ein und denselben Job bis zur Rente ausüben wird, den wird zwangsläufig die neue Realität unseres aktuellen Wirtschaftslebens mit seinem permanenten Wandel ständig enttäuschen und unter Stress setzen.

Gehen wir aber ein wenig mit der Zeit und realisieren wir, dass Veränderungen heute zum unternehmerischen Alltag gehören, dann hilft uns diese Haltung auch, mit den anstehenden Neuerungen leichter und konstruktiver umzugehen.

Talente, Begabungen, Fertigkeiten

Die Frage, ob wir resilient, also mit einer gewissen Beweglichkeit, Flexibilität und inneren Spannkraft, auf das Ungewisse reagieren können, hängt auch davon ab, ob wir uns, auf Basis unserer Fähigkeiten und Talente, zutrauen, mit einer neuen Situation gut umgehen zu können.

Resiliente Menschen haben ein Gefühl von innerer Stärke und Selbstbewusstsein. Sie erleben sich auch in einer kritischen Situation als Menschen, die selbst etwas bewirken können. Sie verharren nicht in der Opferhaltung, sondern handeln selbstverantwortlich und werden selbst aktiv, um etwas an ihrer Lage zu verändern. Das bedeutet auch, dass sie bereit dazu sind, ausgehend vom Vorhandenen etwas Neues zu wagen und hinzuzulernen.

Beispiel

So erinnert sich Herr Stark an eine Team-Assistentin, die bereits über 50 war, als die Firma verkauft wurde. Sie hatte sehr gute Fremdsprachenkenntnisse und während der ersten Jahre ihrer Berufstätigkeit viel im Ausland gearbeitet. Sie begriff die anstehende Veränderung als Chance, fast vergessene Talente wieder aufleben zu lassen: Da ihre Kinder längst aus dem Haus waren und sie alleine lebte, entschied sie sich, das Übernahmeangebot anzunehmen und ihren neuen Arbeitsplatz in der französischen Schweiz anzutreten. Sie liebte die Berge, konnte ihre Französischkenntnisse wieder einbringen und startete noch einmal neu durch.

Krisenkompetenz und Lebenserfahrung

Resiliente Menschen lernen aus der Art und Weise, wie sie mit vergangenen Krisen umgegangen sind. Sie sammeln Erfahrungswerte im Umgang mit Problemen, lernen neue Fertigkeiten hinzu und verändern aufgrund dessen ihre Lebenseinstellung.

Beispiel

Herr Stark nimmt die dritte Firmenübernahme, die er zurzeit erlebt, sehr gelassen hin. Er weiß, was operativ zu tun ist und hat gelernt, sein Team auch durch solch eine Krise hindurch zusammen zu halten. Er überlegt derzeit sogar, ob er aus seinen Erfahrungen und seinem Spezialwissen, das er sich zum Thema Firmenübernahme angeeignet hat, nicht mehr machen kann. Wie wäre es, wenn er eine Coaching-Ausbildung macht und so seine Erfahrungen an Nachwuchsführungskräfte weitergeben kann?

Je vielfältiger die Krisenerfahrung eines Menschen ist, desto sicherer und flexibler wird er im Umgang mit schwierigen Lebenssituationen. Er reagiert weniger ängstlich und unsicher, traut sich etwas zu und kann besser mit Stress umgehen.

Ein krisen-kompetenter Mitarbeiter weiß was zu tun ist. Er verliert dadurch nicht so schnell die Fassung oder die Orientierung. Reichen frühere Erfahrungen oder Routinen nicht aus, um das neue Problem zu lösen, sind resiliente Menschen auch mutiger Neues auszuprobieren. Sie riskieren etwas – ohne dabei verantwortungslos zu sein.

Beispiel

Auch Herr Stark hat im Umgang mit Veränderungsprozessen an Routine und Selbstverständnis gewonnen. Er weiß, dass er beim ersten Mal einige Fehler gemacht hat und möchte Neues hinzu lernen. Dafür sucht er frühzeitig die Unterstützung durch einen Coach, der ihn bei seinem Lernprozess begleiten kann.

Mit einem Sparringspartner an seiner Seite kann Herr Stark viel leichter ein gewisses Risiko eingehen und als Führungskraft neues Verhalten ausprobieren. Er hat sich damit ein Sicherheitsnetz installiert. Positive wie auch negative Erfahrungen kann er unmittelbar mit seinem Coach besprechen, reflektieren und so verantwortungsvoll daran arbeiten, seine Führungskompetenzen Schritt für Schritt zu verbessern.

Die äußeren Schutzfaktoren

Äußere Schutzfaktoren sind resilienzfördernde Umstände, welche ein Mensch in seiner Umgebung vorfindet und für sich nutzen kann, hierzu gehören z. B.

- positive Rollenvorbilder,
- ein stimulierendes Lern- und Arbeitsumfeld,
- mindestens eine feste und zuverlässige Bezugsperson,
- die Möglichkeit zur Weiterbildung und neue Perspektiven.

Lernen von positiven Rollenvorbildern

Die Resilienzforschung hat gezeigt, dass Menschen, die in einem belastenden Umfeld aufwachsen und leben müssen, davon profitieren, wenn sie auf Personen treffen, die für sie ein positives Rollenmodell sein können. Vorbilder können, aber müssen nicht zwingend Autoritätspersonen, wie für Kinder z. B. Eltern, Lehrer, sein. Wir können ebenso von guten Freunden lernen oder sogar von unseren Helden, die wir als Kinder in Abenteuerbüchern bewundert haben, oder von Menschen, über die wir Positives in der Presse und in den Medien erfahren. Wir lernen von ihnen etwas über Werte, Prioritäten, Visionen sowie Verhaltens- und Erfolgsstrategien. Als Erwachsene lernen wir von dem vorbildlichen Verhalten eines Ausbilders oder Vorgesetzten ebenso wie von dem eines Kollegen.

Beispiel

Nach dem Motto: „Walk what you talk!", können Vorgesetzte hilfreiche Vorbilder und Rollenmodelle für ihre Mitarbeiter sein, wenn sie selbst pünktlich abends nach Hause gehen, nachts keine E-Mails mehr versenden und ihren Mitarbeitern zeigen, dass es erwünscht, gut und verantwortlich ist, die Erkältung nicht tagelang mit ins Büro zu schleppen, sondern zu Hause auszukurieren.

Vorbilder zeigen uns, wie wir etwas anders machen können. Sie verändern unsere Perspektiven und Sichtweisen auf Dinge, geben uns Ideen und zeigen uns neue Lösungsansätze. Wir beobachten Vorbilder und hören ihnen zu. Wir hinterfragen: Wie macht er das? Was tut meine Kollegin dafür, dass es ihr gelingt, bei all dem Stress so gelassen zu sein?

Stimulierendes Lernumfeld

Ein weiterer Erfolgsfaktor für den Aufbau von Widerstandskraft in stürmischen Zeiten ist ein positives Lernumfeld, indem wir neue Erfahrungen machen dürfen, unsere Fähigkeiten einbringen und ausbauen können. Am Arbeitsplatz zeigt sich ein solches darin, dass wir durch Aufgaben ausreichend herausgefordert sind, ohne uns dabei chronisch überfordert zu fühlen. Wichtig ist ebenfalls, dass wir vom Arbeitgeber regelmäßig Anregungen zur persönlichen Weiterbildung erhalten.

Phasen mit stabilen Lebensverhältnissen

Auch ein von Natur aus sehr resilienter Mensch kann seine Widerstandskraft verlieren, wenn er dauerhaft Krisen und Veränderungen ausgesetzt ist. Anpassungsprozesse und Neuorientierung benötigen Zeit und Energie. Sie sind mit mentalen wie körperlichen Anstrengungen verbunden. Der Organismus benötigt nach solchen Situationen mehr Zeit für Verarbeitungs- und Regenerationsphasen als gewöhnlich.

Wichtig ist daher, dass wir in Krisenzeiten auch immer wieder Phasen haben, in denen wir einem eigenen Rhythmus folgen, kleine, neue Routinen aufbauen und Muße für Regeneration finden können. Unruhige, energiefordernde Zeiten sollten sich daher immer wieder mit ruhigeren Zeiten abwechseln, in denen wir wieder Kraft sammeln können.

Unterstützung durch mindestens eine feste und zuverlässige Bezugsperson

Wissenschaftler haben herausgefunden, dass auch die Qualität unserer Beziehungen zu anderen Menschen von entscheidender Bedeutung für die Entwicklung unserer Resilienz ist. So zeigte sich in Studien, dass Menschen bereits dann ihre Widerstandskraft gegenüber belastenden Lebensumständen ausbauen können, wenn sie in ihrem Umfeld auch nur eine feste und zuverlässige Bezugsperson haben. Das gilt für Kinder ebenso wie für Erwachsene. Die Bezugsperson kann aus dem privaten wie aus dem beruflichen Umfeld kommen. Sie gibt emotionalen Halt und dient als Ansprechpartner für Sorgen. Sie hilft bei der Reflexion schwieriger Lebenssituationen und erleichtert die Neuorientierung in Krisenzeiten.

Beispiel

Herr Stark fand in der Phase seiner größten beruflichen Krise Unterstützung durch einen alten Mentor, den er bereits zu Studienzeiten kennengerlernt hatte. Er hatte als Werkstudent bei einem Autozulieferer gearbeitet und dort in seinem Vorgesetzten Herrn Walter, nicht nur ein echtes Vorbild, sondern ebenso eine stabile Bezugsperson gefunden. Er war beeindruckt von dessen menschlicher Art, seinem Sachverstand und vor allem von seinen Führungskompetenzen. Herr Walter stand als Ansprechpartner zur Verfügung und fand immer Mut machende Worte und hatte einen Leitspruch, den Herr Stark auch heute oft an seine Mitarbeiter weitergibt: „Du darfst Fehler machen so viele du willst. Mache einen Fehler aber jeweils nur einmal. Dann lerne aus ihm und lass dir beim nächsten Mal wieder einen neuen Fehler einfallen."

Und es war genau dieser Leitspruch, der ihn bei der zweiten Unternehmensübernahme dazu veranlasste hatte, sich sofort einen Coach an die Seite zu holen und nicht erst, nachdem er die gleichen Fehler, wahrscheinlich aus reiner Gewohnheit, gleich ein zweites Mal gemacht hätte.

Impulse zur Weiterbildung und neue Perspektiven

Resilienz, so haben Forscher festgestellt, hat auch mit einer gewissen Freude am Lernen, an Weiterbildung und Zukunftsgestaltung zu tun. Diese Lernfreude benötigt immer wieder Anregungen und Impulse. Unternehmen tun also gut daran, diesem Bedürfnis des Einzelnen nach Wachstum Rechnung zu tragen und ihren Mitarbeitern Perspektiven für ihre Weiterentwicklung zu bieten.

Die Resilienzfaktoren

Die von der Resilienz-Grundlagenforschung herausgearbeiteten inneren und äußeren Schutzfaktoren, die Sie in den vorherigen Abschnitten kennengelernt haben, werden in Literatur und Praxis unter den sog. Resilienzfaktoren zusammengefasst. Dies dient der Vereinfachung und Übersichtlichkeit. Die Bezeichnung der Resilienzfaktoren kann, je nach Autor oder Trainingskonzept, abweichen.

Wir unterscheiden in unserer Arbeit die acht Resilienzfaktoren Optimismus, Akzeptanz, Lösungsorientierung, Selbstregulation, Selbstverantwortung, Beziehungen, Zukunftsgestaltung und Improvisationsvermögen.

Die acht Resilienzfaktoren	
Menschen sind widerstandsfähiger, wenn sie	
1. eine optimistische Grundhaltung gegenüber Veränderungen besitzen und im Umgang mit neuen Situationen auf ihre Fähigkeiten und Talente vertrauen.	Optimismus
2. ihre objektiven Leistungsgrenzen akzeptieren und Rahmenbedingungen realistisch einschätzen können.	Akzeptanz
3. Probleme offen ansprechen und lösungsorientiert vorgehen können.	Lösungsorientierung
4. ein gutes Stress-Management entwickeln, für ihre Bedürfnisse sorgen und Regenerationszeiten einhalten.	Selbstregulation

Die acht Resilienzfaktoren	
5. bereit sind, Selbstverantwortung zu übernehmen und Eigeninitiative zu ergreifen.	Selbst-verantwortung
6. bei Überforderung Hilfe von anderen annehmen können, sowie ihre Beziehungen und Netzwerke pflegen.	Beziehungen
7. eigene Visionen, Werte, Sinnhaftigkeit und Ziele für ihr Leben entwickeln.	Zukunfts-gestaltung
8. im Umgang mit unvorhergesehenen Ereignissen offen bleiben und improvisieren können.	Improvisations-vermögen

Die Resilienz eines Menschen ist nicht immer und in allen Lebensbereichen gleich. Es gibt Lebenskontexte, in denen ein Mensch mehr Widerstandskraft gegenüber Krisen besitzt als andere. So kann ein Mensch im Umgang mit beruflichen Krisen sehr erfahren und resilient sein, im privaten Kontext aber sehr wenig Resilienz aufweisen, wenn es darum geht mit Krankheiten oder Beziehungsproblemen umzugehen.

Der Aufbau von Resilienz versteht sich als ein lebenslanger Lernprozess und kann, wie Sie im Kapitel „Resilienter werden" noch sehen werden, erlernt, verlernt und wieder neu erlernt werden. Bevor wir auf die Frage eingehen, wie wir Resilienz durch Übungen gezielt stärken und trainieren können, sehen wir uns an, wie wir tagtäglich dazu eingeladen werden, durch die Bewältigung von Alltagskrisen, unsere Resilienz auf- und auszubauen.

Die Krise als Lehrmeister

Menschen sind von Geburt an Veränderungsprozessen und Krisen ausgesetzt. Dadurch bauen sie allmählich immer mehr Widerstandskraft auf. Krisen sind zwar anstrengend und können uns hart treffen, sie tragen jedoch zur Lebensreife eines Menschen bei. Er wächst anhand seiner Erfahrungen und Routinen, die er im Umgang mit Krisen aufgebaut hat.

Beispiel

In den Beispielen vorher haben Sie bereits Herrn Stark kennengerlernt. Heute geht es ihm in seiner Funktion als Geschäftsführer eines mittelständischen Unternehmens sehr gut. Er leitet ein Team von 36 Mitarbeitern und kann von sich behaupten, dass er schon zwei feindliche Übernahmen überlebt und gut gemeistert hat. So schnell bringt ihn nichts mehr aus der Ruhe.

Doch das war nicht immer so. Als er vor neun Jahren zum ersten Mal mit einer Übernahme konfrontiert war, hat dies gesundheitlich und psychisch enorm an ihm genagt. Monate lang ließen ihn seine Vorgesetzten damals im Ungewissen, er fühlte sich alleingelassen und hilflos. Doch zugeben durfte er das nie. Immer musste er nach außen so tun, als habe er alles im Griff. Er hat damals viele Fehler gemacht und vor allem die Mitarbeitergespräche gescheut. Er ist vielen Konflikten aus dem Weg gegangen, hat auf Entscheidungen anderer gewartet, anstatt selbst in die Offensive zu gehen.

Krisen sind Ansichtssache

Schon Epiktet, ein griechischer Philosoph wusste: „Es sind nicht die Dinge, die uns beunruhigen, sondern unsere Meinung über die Dinge." Ob eine Krise vorliegt, liegt zumeist im Auge des Betrachters.

Das Wort Krise stammt ab von dem griechischen Verb krínein, zu Deutsch „trennen", „(unter-)scheiden". Die Krise bezeichnet nach dem Duden eine„(Ent-)Scheidung" oder eine „entscheidende Wendung" und steht für eine „schwierige Situation oder Zeit, die den Höhe- und Wendepunkt einer gefährlichen Entwicklung darstellt". Eine Krise ist also gleichbedeutend mit einer schwierigen Situation in unserem Leben, in der wir wahrnehmen, dass wir mit den vorhandenen Fähigkeiten, Sichtweisen und Handlungsstrategien nicht mehr weiterkommen und uns an einem Wendepunkt befinden. Wir stehen vor der Aufgabe etwas hinzuzulernen und uns weiterzuentwickeln. Oft müssen wir uns für oder gegen etwas entscheiden:

- Mache ich so weiter wie bisher oder ändere ich etwas?
- Wage ich etwas völlig Neues?
- Gehe ich ein Risiko ein?
- Verlasse ich meine Komfortzone?

Krisen gehören zum Leben dazu

Krisen können überraschend und unvorhergesehen über uns hereinbrechen, beispielsweise durch eine Krankheit, einen Unfall, eine Kündigung, wegen wirtschaftlicher Veränderungen oder Naturkatastrophen.

Daneben gibt es sog. Entwicklungskrisen, die zu unserem Leben und unserer Persönlichkeitsentwicklung dazu gehören: So kommen wir als Säugling auf die Welt, gehen in den Kindergarten, kommen dann in die Schule, erleben die Pubertät und werden erwachsen. Wir machen eine Ausbildung bzw.

studieren, arbeiten dann, machen vielleicht Karriere, werden Eltern, Großeltern. Schließlich scheiden wir aus dem Berufsleben aus, werden alt und verlassen diese Welt. Auch Entwicklungskrisen stellen uns vor mehr oder weniger große Wendepunkte in unserem Leben. Wir kommen an einen Punkt, an dem alte Verhaltensstrategien, mit denen wir Probleme gelöst haben, nicht mehr ausreichen. Wir müssen uns an neue Lebensverhältnisse anpassen und/oder neue, zusätzliche Verhaltensweisen entwickeln.

Am Ende sind wir an unseren persönlichen, privaten und beruflichen Krisen gereift, durch Lebenserfahrung gestärkt und vielleicht auch ein wenig gelassen und weise. Eine Krise ist also nicht per se etwas Unüberwindliches und Schlechtes, was es in jedem Falle zu vermeiden gilt.

Blicken wir nun genauer auf alltägliche Krisen- und Lernsituationen, die uns im beruflichen Leben begegnen und die wir zum Aufbau unserer Resilienz nutzen können.

Krisen im beruflichen Kontext

Auch Unternehmen und deren Mitarbeiter durchlaufen verschiedene Entwicklungskrisen, von der Firmengründung, über die Expansion oder Rationalisierung bis hin zur Abwicklung des Unternehmens. Jede Phase birgt besondere Herausforderungen und Lernerfahrungen, denen man sich bewusst werden sollte, um sie so für sich nutzbar zu machen.

Im Folgenden sehen wir uns die verschiedenen Arten von Krisen, die im beruflichen Kontext auftreten können, einmal etwas genauer an. Man kann Krisen dort einteilen in:

- Entwicklungskrisen
- Akute Belastungskrisen
- Chronische Belastungskrisen

Berufliche Entwicklungskrisen

Der berufliche Werdegang eines Menschen kann verschiedene Anlässe für Entwicklungskrisen mit sich bringen. Sie gehören zur Reifung eines Menschen dazu. Er durchläuft hierbei wichtige Lernprozesse. Hier eine Übersicht über typische Entwicklungskrisen, die uns im beruflichen Kontext begegnen können.

Entwicklungskrisen in beruflichen Übergangszeiten	
Krisen	▪ Ausbildung, Studium ▪ Berufseinstieg ▪ Umschulungen ▪ Wechsel auf eine neue Position ▪ Beförderung und Karriere ▪ Übernahme von Führung ▪ Übergang ins Rentenalter
Beispiele für Lernprozesse	▪ Veränderungen akzeptieren ▪ Neue Fertigkeiten erwerben ▪ Eigene Talente entdecken ▪ Potenziale ausleben

Entwicklungskrisen in beruflichen Übergangszeiten	
	▪ Neue Einstellungen und Haltungen entwickeln ▪ Übernahme von Verantwortung ▪ Lernen sich selbst zu versorgen

Akute Belastungskrisen

Neben den Entwicklungskrisen gibt es akute Belastungskrisen. Sie treten häufig durch unerwartete, plötzliche Ereignisse auf, wie z.B. durch Unfälle, Krankheiten, Trennungen, Wirtschaftskrisen, aber auch durch positive Ereignisse, wie eine Heirat, die Geburt eines Kindes, einen Lottogewinn, berufliche Erfolge oder eine Beförderung. Positive Ereignisse werden oft unterschätzt, obgleich auch sie uns oft vor neue und große Herausforderungen stellen.

Akute Belastungskrisen im beruflichen Kontext	
Krisen	▪ Temporärer Zeitdruck ▪ Vertretung einer kranken Kollegin ▪ Akute Konflikte und Streit ▪ Auftauchen von Problemen im Projekt ▪ Plötzliche Kündigung ▪ Beförderung
Beispiele für Lernprozesse	▪ Anpassung, Flexibilität ▪ Nach Entlastung suchen ▪ Kommunikation, in Kontakt gehen ▪ Aushandlungsprozesse anregen

Akute Belastungskrisen im beruflichen Kontext	
	▪ Arbeitsorganisation ändern ▪ Neue Ziele entwickeln

Chronische Belastungskrisen

Chronische Belastungskrisen entstehen, wenn wir einer Überforderung für einen längeren Zeitraum ausgesetzt sind. Zu Beginn empfindet man die Belastungssituation noch nicht als Krise. Erst nach und nach wird es einem zu viel. Man beginnt körperlich und mental unter der Situation zu leiden und ist eines Tages schlicht überfordert. Oft kommen dann mehrere Belastungen zusammen. Es entsteht das Gefühl, die Situation nicht mehr mit eigenen Mitteln und Fertigkeiten meistern zu können. Manchmal genügt dann nur noch ein Tropfen, um das Fass endgültig zum Überlaufen zu bringen.

Chronische Belastungskrisen im beruflichen Kontext	
Krisen	▪ Lange Arbeitslosigkeit ▪ Schwelende Konflikte, Mobbing ▪ Hohe Leistungsanforderungen, Druck ▪ Doppelbelastung Familie und Beruf ▪ Chronische Krankheiten, Süchte, psychische Probleme
Beispiele für Lernprozesse	▪ Hilfe annehmen, Scham überwinden ▪ Tabuthemen ansprechen ▪ Alte Ziele, Gewohnheiten aufgeben ▪ Anpassung an den gesellschaftlichen Wandel

Resilienz entwickelt sich ein Leben lang

Der Grad an Resilienz ist nicht in Stein gemeißelt; er unterliegt im Laufe der Zeit Schwankungen. So können Menschen, die als Jugendliche Problemsituationen erfolgreich überstanden haben, durch spätere Krisen völlig aus der Bahn geworfen werden. Firmen, die in ihren Gründungsjahren sehr resiliente Eigenschaften besaßen, können im Rahmen von Reorganisationsmaßnahmen und Umstrukturierungen nach und nach an Resilienz verlieren.

Forschungsergebnisse haben auch gezeigt, dass Menschen, die zunächst mit Krisen in ihrer Kindheit und Jugend nur schwer zurechtkamen, an späteren Krisen im Erwachsenenalter quasi „nachreifen" konnten, also im Laufe der Zeit mehr Widerstandsfähigkeit entwickelten. So definiert Ann S. Masten, eine amerikanische Professorin für Kinderpsychologie, Resilienz denn auch „als einen Prozess und die Fähigkeit, eine erfolgreiche Anpassung vorzunehmen".

Ebenso können Organisationen durch resilienzfördernde Maßnahmen an Stabilität und Widerstandskraft dazu gewinnen. Resilienzförderung steht also für einen lebenslangen Lern- und Anpassungsprozess.

Auf einen Blick: Das Phänomen Resilienz

- Resilienz ist das Immunsystem unserer Psyche, das uns beim Umgang mit Stress, Belastungen und Krisen unterstützt.
- Je resilienter man ist, desto besser kann man mit widrigen Umständen und Krisen umgehen. Resiliente Menschen und Organisationen nutzen solche Situationen, um noch stärker zu werden.
- Die Forschung hat im Laufe der Zeit Faktoren identifiziert, die förderlich für Resilienz sind. Sie können in Menschen oder Organisationen selbst begründet sein (innere Schutzfaktoren) oder von außen einwirken (äußere Schutzfaktoren).
- Krisen gehören zu unser aller Leben. Sie lassen uns stärker werden und uns reifen. Haben wir sie bewältigt, steigt unsere Resilienz.

Resilienz als Wirtschaftsfaktor

Nur eine widerstandsfähige, flexible und anpassungsfähige Organisation kann auf Dauer in unserer schnelllebigen Zeit überleben. Resilienz spielt daher auch in Unternehmen eine immer größere Rolle.

In diesem Kapitel erfahren Sie,

- warum Unternehmen umdenken sollten,
- welche wichtigen Erkenntnisse die Resilienzforschung für Firmen bereithält,
- warum Resilienzförderung die Existenz von Unternehmen sichern kann.

Unternehmen im Wandel

Wurde das Phänomen Resilienz zunächst in der Entwicklungspsychologie und Pädagogik intensiv erforscht, so beschäftigen sich seit den 1990er Jahren immer mehr Wissenschaftler mit der Frage, welche Bedeutung Resilienz für Unternehmen und die Wirtschaft hat. Die Gründe hierfür sind zum einen die veränderten Arbeitsverhältnisse in einer immer stärker vernetzten und globalisierten Wirtschaft und zum anderen die Zunahme an Krisen und Veränderungsprozessen:

- Informationstechnologien prägen einen immer schnelleren und dichteren Arbeitsrhythmus. Viele Mitarbeiter spüren, dass sie dem steigenden Leistungsdruck und der Komplexität ihrer Aufgaben nicht mehr gewachsen sind.
- Restrukturierungsmaßnahmen sind nicht mehr die Ausnahme, sondern die neue Regel. Unternehmen und Mitarbeiter sind einem permanenten Anpassungs- und Veränderungsprozess ausgesetzt.
- Das Streben nach immer mehr Wachstum und Effizienz, die fortschreitende Globalisierung und ein immer komplexeres Marktgeschehen lassen Organisationen und Mitarbeiter an ihre Kapazitätsgrenzen stoßen.
- Die Wirtschaft beklagt die Unberechenbarkeit und Unplanbarkeit von Ereignissen und den damit verbundenen Verlust an Kontrolle. Fast jeden Tag berichten Medien über Unternehmens-, Wirtschafts-, Finanz- und Staatskrisen.

Um die genannten Probleme auf den Punkt zu bringen, sprechen Wissenschaftler und Experten heute von der sog. VUCA-World oder auch dem VUCA-Environment.

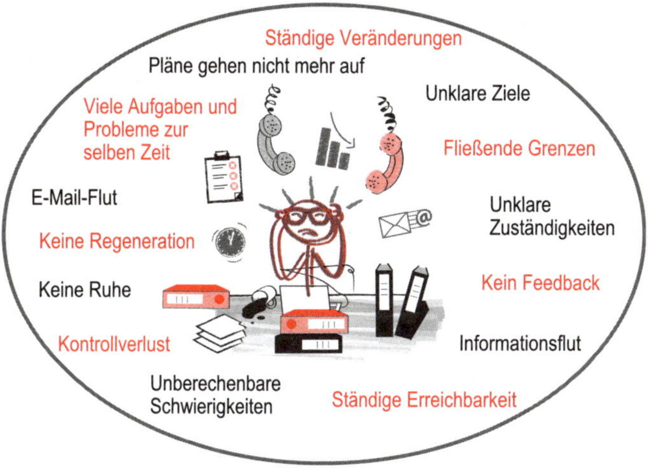

Unsere heutige Arbeitswelt (Bild: Fotolia © Trueffelpix)

Überleben in der VUCA-Welt

Das Akronym VUCA wurde Ende der 1990er Jahre vom US Army War College eingeführt und steht für:

Volatile	unberechenbar, sprunghaft, flüchtig
Uncertain	unsicher, ungewiss
Complex	komplex, verzweigt, vielschichtig
Ambiguous	viel-, doppel-, mehrdeutig, unklar

Ein wichtiger Katalysator für die Verbreitung des VUCA-Begriffes waren die bis dato unvorstellbaren Anschläge vom 11. September 2001. Seither ziehen viele Experten das sog. VUCA-Mindset heran, um Strategien zu entwickeln, die eine bessere Orientierung dafür geben, wie Gesellschaften und Unternehmen auf Krisen, ein chaotisches, turbulentes und sich rasch veränderndes Umfeld reagieren können. Dabei kommt der Resilienz als Kernkompetenz im Umgang mit Belastungen und Krisen eine wichtige Bedeutung zu.

Psychische Erkrankungen auf dem Vormarsch

Wie sich die Spielregeln der neuen Arbeitswelt auswirken, sehen wir an der steigenden Anzahl von Mitarbeitern, die wegen psychischer Belastungen kankheitsbedingt ausfallen oder frühzeitig in den Ruhestand gehen – ein Trend, der nicht neu ist. Er begann bereits Ende der 1990er Jahre und hält bis heute an.

- Die wirtschaftlichen Schäden durch Stress und psychische Belastungen am Arbeitsplatz beliefen sich nach Schätzungen des Fraunhofer-Instituts bereits 2004 auf mehr als 3 Milliarden Euro jährlich.
- 2008 lagen allein die Behandlungskosten für Depressionen bei 5,2 Milliarden Euro. Tendenz steigend.
- Jeder zehnte Arbeitnehmer leidet mittlerweile an Depressionen, Stress oder einem Burn-out-Syndrom.

Folgestudien, z.B. die Studie der Bundespsychotherapeutenkammer (BPtK) zu psychischen Belastungen in der modernen Arbeitswelt aus dem Jahr 2010, bestätigten diese Entwicklung.

Seelische Erkrankungen treten gehäuft in Dienstleistungsbranchen, wie bei den Beschäftigten im Sozial- und Gesundheitswesen, den Telekommunikationsbranchen und in öffentlichen Verwaltungen auf. Nach den Berechnungen der BPtK hat der Anteil psychischer Erkrankungen zwischen 2000 und 2010 um 75 Prozent zugenommen. Unter 100 Versicherten fielen 2011 rund 200 Arbeitsunfähigkeitstage (AU) auf psychische Erkrankungen; dies macht einen Anteil von 12 bis 13 Prozent aller AU-Tage aus. Die häufigsten Gründe für Krankschreibungen 2011 waren Depressionen oder Angststörungen.

> „Die Resilienzförderung wird insgesamt zu einer immer wichtigeren Aufgabe für Unternehmen und Führungskräfte." R. Richter, Präsident der Bundespsychotherapeutenkammer.

Resilienzförderung lohnt sich

Neuere Projekte und Maßnahmen zur betrieblichen Gesundheitsförderung belegen, dass sich die Investitionen in Resilienzförderprogramme für Unternehmen mehr als rentieren. So fließen für jeden investierten Euro 3 bis 4 Euro zurück (Zeitschrift Manager Seminare, August 2013, S. 30). Das ergibt z.B. bei 40.000 Euro Investitionen eine Ersparnis von 120.000 Euro. Gespart wird durch geringere Fehlzeiten und bessere Arbeitsqualität.

Resilienzförderung zahlt sich aus (Bild: Fotolia © Olivier Le Moal)

Mehr Resilienz aufgrund gezielter Förderung hat in Unternehmen folgende positive Auswirkungen:

- Besserer Umgang mit Stress und Druck
- Besseres Meistern von neuen und ungewissen Situationen
- Reduktion von Angst und Unsicherheit
- Verbesserung der allgemeinen Gesundheit
- Aktivierung von Kreativität und Spontanität
- Aufbau von Selbstwirksamkeit und
- Steigerung des Selbstbewusstseins

Widerstandsfähig in turbulenten Zeiten

Die Einflüsse der VUCA-World stellen derzeit für die Resilienz von Unternehmen und deren Mitarbeiter eine besondere Herausforderung dar: denn Unsicherheit, rasche Veränderungen und potenzielle Krisen lauern derzeit überall. Die Resilienzforschung zeigt: Gewinner in unsicheren und turbulenten Zeiten sind jene Unternehmen, die gelernt haben, sich auf den Umgang mit dem Ungewissen gut vorzubereiten und das Unbekannte zu managen (Weick & Sutcliffe, Managing the Unexpected, 2001). Es gilt nicht nur, Krisen im Vorfeld zu vermeiden, sondern ebenso zu akzeptieren, dass solche Ereignisse und ständige Veränderungsprozesse zum neuen Unternehmensalltag gehören.

Beispiel

Naturkatastrophen, wie wir sie 2011 in Japan erlebt haben, führen zu einer Verkettung von – zuvor unvorstellbaren – Ereignissen: Ein Erdbeben löst einen Tsunami aus, dieser eine Überschwemmung. Es folgt ein atomarer Störfall mit verheerenden gesundheitlichen Folgeschäden und vielen weiteren Auswirkungen, deren Ausmaß, Dauer und Intensität heute nicht einmal ansatzweise vorhersagbar sind.

Was mit Unternehmen geschieht, die nicht in der Lage sind, resilient auf Störungen zu reagieren, beschreibt der Zukunftsforscher Mathias Horx. In seinem Beitrag „Resilienz, die Stehauf-Strategie“ hebt Horx hervor, dass besonders Großunternehmen gegenüber unerwarteten extremen Schocks immer anfälliger würden und die Gefahr bestehe, dass sie durch unvorhersehbare Ereignisse, Finanzkrisen, Markttrends oder disruptive Technologiesprünge aus der Kurve getragen werden. Im Standards-&-Poor's-500-Index sei denn auch die Verweildauer der größten US-Unternehmen seit 1953 von 90 Jahren auf 15 Jahre gesunken. Bis 2020 sei auch die Hälfte der heute noch gelisteten Unternehmen daraus verschwunden, prognostiziert Horx (in: Trend update, Ausgabe 08-2011, Resilience: Das Management des Unerwarteten. Was Organisationen ändern müssen um krisenfest zu werden; Zukunftsinstitut Juli 2011).

Wie also können Unternehmen ihr Überleben sichern und im Umgang mit unvorhergesehenen Ereignissen und Krisen widerstandsfähiger werden?

Achtsamkeit fördert Resilienz

Die Organisationsforscher Karl E. Weick und Kathleen M. Sutcliffe fanden heraus, dass Unternehmen den Gefahren im Umgang mit dem Ungewissen widerstandsfähiger begegnen können, wenn sie eine von Mindfulness (Achtsamkeit) getragene Organisationsstruktur entwickeln.

Weick und Sutcliffe haben hierzu fünf maßgebliche Denk- und Handlungsprinzipien herausgearbeitet:

- So sind Unternehmen widerstandsfähiger, wenn deren Mitarbeiter in der Lage sind, kleinere Fehler und Störungen kontinuierlich aufzuspüren und diese unmittelbar an das Team zurückzumelden.

- Kommt es zu unüblichen Reaktionen oder Fehlern, gehen Mitarbeiter nicht einfach davon aus, dass sie die Situation schon kennen. Sie widerstehen solchen Denkroutinen und vereinfachenden Interpretationen und bleiben offen für neue Erklärungsansätze.
- Auch wird weniger auf die exakte Umsetzung von Plänen beharrt. Mitarbeiter bleiben sensibel für betriebliche Abläufe, achten stärker auf die Ereignisse im Hier und Jetzt und sind bereit, Pläne und Vorhaben daran anzupassen.
- Um im Team mit Krisensituationen besser fertig zu werden, legen Unternehmen großen Wert auf das Commitment zur Förderung von Resilienz. Das Improvisationsvermögen wird dabei als eine Grundkompetenz für den Umgang mit dem Unvorhergesehenen akzeptiert.
- Auch Entscheidungswege werden in Krisensituationen den Erfordernissen angepasst. Dabei entscheidet – entgegen der Hierarchie – nicht zwingend die Führungskraft selbst über das weitere Vorgehen, sondern derjenige Mitarbeiter, der näher am Problem dran ist und mehr Wissen über die aktuelle Situation hat.

Umdenken notwendig

Konsequente Resilienzförderung bedeutet für viele Unternehmen und Führungskräfte in vielerlei Hinsicht ein Umdenken. Der Zukunftsforscher Andrew Zolli hat in seinen aktuellen Untersuchungen sog. Resilienz-Muster herausgearbeitet, welche die Widerstandskraft eines Systems oder Unternehmens im Umgang mit Krisen fördern können.

Hierzu gehören z.B. effektive Feedbackmechanismen, die ein rechtzeitiges Reagieren bei unerwarteten Problemen ermöglichen. Auch das Prinzip der Zusammenballung hat sich bewährt. Hierbei geht es um die Konzentration und Vielfalt von Talenten, Ressourcen, Werkzeugen, Modellen und Ideen im Unternehmen. Das Prinzip der geballten Vielfalt ist z.B. Grundlage der Resilienz von Innovationszentren wie dem Silicon Valley.

Vielfalt und Redundanz statt Effizienz

Das Thema Resilienz konfrontiert Unternehmen also mit recht unpopulären Forderungen, wie z.B. der nach Redundanz. Sie steht für das Vorhalten mehrfacher, jedoch funktional gleicher oder vergleichbarer technischer, materieller oder personeller Ressourcen. Das dient der Absicherung von Notfällen und einem reibungslosen Ablauf von Arbeitsprozessen.

Beispiel

Fällt ein Mitarbeiter wegen Krankheit aus und kann ein Kollege dessen Arbeit übernehmen, dann können Arbeitsabläufe reibungslos weitergehen.

Kommt es durch einen Brand oder einen Systemfehler zum Verlust wichtiger Daten und gibt es ein oder mehrere Back-ups, wirkt sich der Schaden nicht weiter aus.

Kommt es zu einer Finanzkrise, wurden jedoch ausreichend Rücklagen gebildet, können Verluste kompensiert werden.

Nachdem Unternehmen jahrzehntelang darauf achten sollten Redundanzen möglichst zu vermeiden, um Kosten zu sparen und Gewinne zu maximieren, erleben wir nun, dass dieses

Bestreben nicht mehr zeitgemäß ist. Denn Systeme und Mitarbeiter stoßen an ihre Belastungsgrenzen.

Hohes Effektivitäts- und Effizienzstreben macht Sinn in Phasen, in denen alles glatt und rund läuft. In Krisenzeiten aber, in denen Unberechenbarkeit, Unsicherheit und Überraschungen an der Tagesordnung sind, stellt ein solches Streben ein hohes Sicherheitsrisiko dar.

Unternehmenskultur des Vertrauens und der Kooperation

Resiliente Teams und Gemeinschaften sind, so die Forschung, gekennzeichnet durch Diversität, eine große Wissens- und Ideenvielfalt sowie eine Bandbreite an Reaktionsmöglichkeiten. Sie besitzen die Fähigkeit zur spontanen Kooperation und arbeiten zusammen, wenn es darauf ankommt. Hierzu greifen sie auf informelle, von tiefem Vertrauen getragene Netzwerke zurück.

Situative und vermittelnde Führung

Eine resiliente Führungspersönlichkeit zeichnet sich nach Andrew Zolli durch eine situative, angepasste Führung aus. Als Brückenbauer kann sie bei Veränderungsprozessen und den damit verbundenen Konflikten zwischen verschiedenen Interessengruppen vermitteln und aus unterschiedlichen Netzwerken, Perspektiven und Vorstellungen ein schlüssiges Ganzes formen.

In Bezug auf die Unternehmens- und Führungskultur betont Zolli, dass sich Resilienz nicht von oben verordnen lässt, sondern dass sie authentisch in den Unternehmensalltag integriert werden muss.

Einige der Resilienz-Muster und Führungsleitsätze stehen auf den ersten Blick also in großem Kontrast zu dem, was Unternehmer und Führungskräfte einst verinnerlicht haben.

Neue Schlüsselfragen an Organisationen zur Resilienz

- Innovation: Wie kann unser Unternehmen Krisen für Lernprozesse nutzen und gestärkt aus ihnen hervorgehen?
- Redundanz: Inwieweit können wir Krisen vermeiden und uns vor den Auswirkungen von Krisen schützen, indem wir technisch, monetär und personell auf zusätzliche Kapazitäten zurückgreifen?
- Komplexität: Wie können wir den Anforderungen einer hoch komplexen, multimedial vernetzten Wissensarbeit gerecht werden?
- Gesundheit: Wie können wir körperliche und psychische Belastungen am Arbeitsplatz reduzieren oder vermeiden?
- Ressourcen: Was können wir tun, um unser Effektivitäts- und Effizienzbestreben mit einer nachhaltigen, ressourcenorientierten Arbeitsweise zu verbinden?
- Talentförderung: Wie können wir ein kreatives Lern- und Erfahrungsumfeld bereitstellen, indem Mitarbeiter ihre Potenziale entfalten können?

Neue Schlüsselfragen an Organisationen zur Resilienz

- Echtzeitlernen: Wie können wir eine schnelle und offene Fehler- und Feedbackkultur schaffen?
- Diversität: Wie können wir den Umgang mit fach-, alters- und nationenübergreifenden Teams fördern?

Alles VUCA, oder was?

Sie werden nun zu Recht sagen: Nicht jedes Unternehmen ist direkt vom VUCA-Hype, von Krisen, dem schnellen Wandel und dem Unberechenbaren betroffen. Ganz im Gegenteil, viele Branchen und Unternehmenskulturen funktionieren, nach wie vor, unter völlig anderen Gesetzmäßigkeiten:

- Veränderungen gehen eher langsam vonstatten,
- Strukturen und Hierarchien sind relativ starr,
- die meisten Arbeitsabläufe sind vorhersehbar, gut durchstrukturiert,
- Mitarbeiter fühlen sich in gewisser Hinsicht eher unter- als überfordert,
- Planungssicherheit, langfristiges Denken, Routinen und Arbeit nach Vorschrift überwiegen,
- ständiger Wandel, Spontaneität und sprudelnde Kreativität sind eher weniger gefragt.

Diese Arbeitswelt nennen wir die SSEE-World. Das Akronym SSEE steht für das Traditionelle. In einer solchen Welt ist das Leben möglichst **s**tabil (stable), **s**icher (secure), **e**infach (easy) und **e**indeutig (explicit).

Tatsache ist, dass viele Unternehmensstrukturen weit davon entfernt sind allein nach den Gesetzmäßigkeiten der VUCA-World zu funktionieren – auch wenn sie indirekt von den Folgen des VUCA-Hypes betroffen sein mögen.

Das Sowohl-als-auch-Prinzip

Die moderne Wirtschaftswelt lässt sich heute nicht mehr nach einem Entweder-oder-Prinzip in eine Schublade hinein pressen. Auch bei der Resilienzförderung im Unternehmen gilt daher, dass wir nicht mit einseitigen Extremen konfrontiert sind, die sich nach einfachen Leitlinien wieder auf die Spur bringen lassen, sondern dass wir es mit hoch komplexen Mischformen zu tun haben.

Viele Organisationen funktionieren daher teilweise nach den neuen VUCA- und zum Teil nach den traditionellen SSEE-World-Prinzipien. Es sollte also ein Sowohl-als-auch-Prinzip angewendet werden. Simple Best-Practice-Lösungen haben ausgedient. Mehr denn je sind Kreativität und Innovationskraft gefragt. Im Umgang mit Stress und hohen Arbeitsbelastungen benötigen Unternehmen daher sowohl neue Skills und Fertigkeiten als auch eine Rückbesinnung auf traditionelle Werte und Arbeitsstrukturen. Unternehmensleitung und Führungskräfte sind daher gut beraten, wenn sie im Umgang mit der heutigen Arbeitswelt sowohl jene Skills besitzen, die sie für das Management in sicheren Zeiten benötigen als auch solche, die für das Management in unsicheren Zeiten wichtig sind. Die hohe Kunst der Führung wird in Zukunft darin bestehen, immer wieder eine Balance zwischen den Extremen herzustellen.

Starke Mitarbeiter – starke Unternehmen

Ein Unternehmen ist erst dann stark, wenn seine Mitarbeiter stark sind. Denn nicht das Unternehmen selbst erbringt gute Leistungen, sondern die Mitarbeiter, die in ihm arbeiten. Nicht das Unternehmen selbst hat Ideen für neue verkaufsstarke Produkte, es sind die Mitarbeiter, die diese Ideen entwickeln.

Mitarbeiter stark zu machen und ihnen den Raum für die Weiterentwicklung eigener Stärken und Potenzialentfaltung zu geben, ist mit Investitionen verbunden. Diese Investitionen dienen nicht nur dazu, den Betrieb am Laufen zu halten, sondern vielmehr einer langfristigen und nachhaltigen Bestandssicherung. Mit Maßnahmen zur Resilienzförderung stärken Sie Ihr Unternehmen für den Ernstfall einer größeren Krise. Zugleich machen sie sich fit für das Management der kleinen Alltagsprobleme.

Investitionen in ein langfristiges Programm zur Resilienzförderung können einen wertvollen Beitrag zum Geschäftsergebnis von Unternehmen leisten. Studien aus den USA belegen inzwischen Renditen von über 300 % für jeden Euro, der allein für die Gesundheitsförderung der Mitarbeiter ausgegebenen wird. Ein wichtiger Aspekt der Resilienzförderung ist in diesem Zusammenhang die Entwicklung von Eigenverantwortung für die eigene Gesundheit.

Doch die Resilienzförderung geht noch einen Schritt weiter. Es stehen dabei nicht nur die Aspekte der Mitarbeitergesundheit im Fokus – es geht vielmehr um die Entwicklung einer resilienten Unternehmenskultur, die neben der Lebens- und Arbeitsqualität auch wichtige Aspekte wie den demographischen Wandel, die Wettbewerbsfähigkeit, Innovation, das Image und die Attraktivität als Arbeitgeber sowie gesundes Wachstum berücksichtigt:

- Eine resiliente Arbeitskultur sorgt für einen geringeren Krankenstand und reduziert Ausfallkosten.
- Durch eine resiliente Arbeitsorganisation und Führungskultur der gegenseitigen Wertschätzung lassen sich Produktivität, Engagement und Motivation der Mitarbeiter erhöhen.
- Baut ein Unternehmen auf eine resiliente Kommunikations-, Feedback- und Fehlerkultur, verbessern sich Produkte und Dienstleistungen. Es reduzieren sich langfristig Reibungsverluste durch Konflikte und Missverständnisse.
- Eine resiliente Human-Ressource-Kultur sorgt insgesamt für eine höhere Attraktivität als Arbeitgeber, für eine geringere Mitarbeiterfluktuation und eine leichtere Mitarbeiterrekrutierung.

Auf einen Blick: Resilienz als Wirtschaftsfaktor

- Nachdem die Forschung sich zunächst mit der Resilienz von Individuen beschäftigte, steht heutzutage auch die Resilienz von Organisationen, vor allem von Unternehmen, im Fokus vieler Untersuchungen.
- Man hat erkannt: Nur resiliente Organisationen können auch in unsicheren und unsteten Zeiten auf Dauer bestehen. Sie haben gelernt, sich auf den Umgang mit dem Ungewissen gut vorzubereiten und das Unbekannte zu managen.
- Resilienzförderung in Unternehmen hat viele positive Auswirkungen: Sie erhöht z. B. die Kreativität, das Selbstbewusstsein und die Gesundheit der Mitarbeiter.
- Resilienzförderung nach dem Schema F gibt es nicht. Sie muss individuell auf die Bedürfnisse des Unternehmens abgestimmt werden.

Resilienter werden

Mehr Widerstandskraft entwickeln, flexibler auf Veränderungen reagieren, sich sicherer fühlen auch in schweren Zeiten – wer möchte das nicht?

In diesem Kapitel erfahren Sie,

- warum es für die Forschung als belegt gilt, dass wir resilienter werden können,
- wie das Bambus-Prinzip® wirkt,
- welche Rolle Sicherheit und Kommunikation bei der Resilienz spielen.

Flexibilität und Beweglichkeit fördert die Widerstandskraft

Der Bambus steht seit jeher für eine gelungene Strategie im Umgang mit stürmischen Zeiten: sich biegen und im Wind wiegen, anstatt zu brechen. Bambus ist flexibel, beweglich, zugleich tief verwurzelt, stabil und standhaft. Mit dem Bambus-Prinzip® lassen sich zentrale Eigenschaften beschreiben, die auch dem Menschen im Umgang mit Krisen, Problemen und Belastungen helfen können.

Ist der Mensch flexibel und anpassungsfähig, kann er im Umgang mit Stress und Belastungen auf eine Vielzahl von Reaktionsweisen zurückgreifen und mit einer Krise selbstwirksamer umgehen. Die vier Leitideen für die Resilienzförderung nach dem Bambus-Prinzip® lassen sich wie folgt zusammenfassen:

Leitideen nach dem Bambus-Prinzip®	
Wahrnehmung von Sicherheit (Kontext)	Sei präsent, in Kontakt und durch ein stützendes Netzwerk gut verwurzelt.
Dynamische Stabilität (Interaktion)	Kenne deinen Standpunkt, sei dabei flexibel und beweglich zugleich.
Situative Anpassung (Mindset)	Gehe mit dem Wind, nicht gegen ihn.
Innere Spannkraft (Embodiment)	Richte dich selbst wieder auf, wenn sich der Sturm gelegt hat.

Wie wir später noch sehen werden, bilden diese vier Leitideen eine wichtige Grundlage für das tägliche Resilienztraining.

Die nächsten Kapitel zeigen uns, dass der Mensch mental und körperlich dazu in der Lage ist, ein Leben lang neue Bewältigungsstrategien im Umgang mit den Stürmen des Lebens hinzuzulernen. Die Frage, die sich heute stellt, ist daher nicht mehr so sehr diejenige, ob wir Resilienz trainieren können, sondern welche neuen, integrativen Ansätze zur Resilienzförderung wir entwickeln und fördern müssen, damit der Mensch sein Potenzial zum Wachstum und zur Veränderung voll ausschöpfen kann.

Neues aus der Forschung

Wie wichtig die Wahrnehmung von Sicherheit sowie das Training von Flexibilität, Beweglichkeit und Anpassungsfähigkeit für die Entwicklung von Resilienz sind, bestätigen uns die neuen Erkenntnisse aus den Neurowissenschaften und der Embodiment-Forschung. Letztere beschäftigt sich z.B. mit der Frage, inwieweit sich körperliche Haltungen und mentale Einstellungen gegenseitig beeinflussen.

Unser Gehirn entwickelt sich lebenslang

Neue Erkenntnisse der Hirnforschung zeigen, dass wir uns bis ins hohe Alter noch an neue Gegebenheiten anpassen und uns verändern können. Diese sog. Plastizität des Gehirns ist die Grundlage aller Lernprozesse. Sie ermöglicht es dem Organismus, auf Veränderungen in seiner Umgebung zu reagieren und sich diesen anzupassen. Ein solcher Anpassungsprozess kann z.B. notwendig werden, wenn es durch einen Unfall oder einen Infarkt zu nachhaltigen Verletzungen unseres neuronalen Gewebes gekommen ist.

Unter neuronaler Plastizität versteht man die Eigenschaft von Synapsen, Nervenzellen oder auch ganzen Hirnarealen, sich in Abhängigkeit von der Verwendung in ihren Eigenschaften zu verändern, d.h. anzupassen.

Die Plastizität und Anpassungsfähigkeit des Gehirns verläuft in zwei Richtungen: Im Laufe des Lebens kann der Mensch nicht nur neue Verhaltensweisen erlernen, er kann Verhaltensweisen auch wieder verlernen oder vergessen, z.B. durch einseitige Routinen, Gewohnheiten oder durch Unterforderung, frei nach dem Motto „Use it oder lose it!".

Die Folge von Gewohnheiten oder Unterforderung: die Anpassungsfähigkeit an neue Lebensumstände und damit Resilienz kann abnehmen. Das Erleben von Selbstwirksamkeit ist dann eingeschränkt, der Mensch traut sich weniger zu, er wird schneller verunsichert, sein Stress-Level steigt und damit erhöht sich auch die Wahrscheinlichkeit, dass er eine Situation als Krise erlebt.

Beispiel

Ein Unternehmen beschließt, eine günstige Gelegenheit beim Schopf zu packen und sein neues Produkt nun kurzfristig auf dem internationalen Markt anzubieten. Der langjährige Vertriebsmitarbeiter Max Munter soll daher in der kommenden Woche einen neuen potenziellen Kunden begeistern und eine Produktpräsentation in Englisch halten.

Vor fünf Jahren, kurz nach seinem Studium, wäre dies für ihn kein so großes Problem gewesen. In seinen Bewerbungsunterlagen stand: sehr gute Englisch-Kenntnisse in Schrift und Wort. Doch seither wurden die Englischkenntnisse von Herrn Munter im Unternehmen nicht ein einziges Mal gebraucht. Wie soll er sein eingerostetes Englisch in so wenigen Tagen wieder auffrischen? Zumal er sich nun auf die Schnelle viele Fachbegriffe aneignen muss und die deutsche Präsentation selbst ins Englische übersetzen soll. Bei dem sonst so belastbaren Max Munter scheint die Resilienz von heute auf morgen dahin. Sein Perfektionsanspruch setzt ihn enorm unter Stress. Alte Versagensängste kommen hoch, sorgenvolle Gedanken lähmen ihn und schlaflose Nächte sind die Folge.

Die gute Nachricht für Max Munter ist: Dank der neuronalen Plastizität seines Gehirns wird er sein gutes Englisch, mit ein wenig Übung, bald wieder aufgefrischt haben. Nimmt er die Herausforderung, die sich ihm bietet, an, werden sich aufgrund der neuen Arbeitsaufgabe seine Englischkenntnisse noch weiter ausbauen. Seine Resilienz wird sich kurzfristig wieder einstellen, sein Stress nachlassen und seine Qualifikation als Vertriebsmitarbeiter wird sich langfristig steigern. Die weniger gute Nachricht ist: Die Auffrischung der Englischkenntnisse braucht eine gewisse Zeit, benötigt Aufmerksamkeit, Konzentration und Übung, ggf. auch die Unterstützung durch einen Sprachtrainer. Und es lässt sich nicht von vornherein sagen, wie lange Max Munter für diesen Lernprozess brauchen wird.

Gedanken ändern das Gehirn

Neuroplastizität steht auch für die Erkenntnis, dass sich das Gehirn allein durch Denkprozesse strukturell und funktionell verändern kann. So kann laut dem Neuropsychologen Daniel

J. Siegel durch gezielte Achtsamkeitsübungen die Reflexionsfähigkeit des Menschen erhöht und seine Aufmerksamkeit neu ausgerichtet werden. Auf diesem Wege können neue Schaltkreise im Hirn aktiviert und neue Hirnstrukturen geformt werden. Dies führt zu mehr neuronaler Elastizität (Resilienz), einer Steigerung des Wohlbefindens und zu mehr Empathie und Mitgefühl.

Gehirn und Körper beeinflussen sich (Bild: Fotolia © fabioberti.it)

Unser Körper beeinflusst das Gehirn

Elastizität, die so wichtig ist für Resilienz, findet sich beim Menschen nicht nur auf neuronaler Ebene wieder. Auch unser Körper mit seinem Skelett, seinen Muskeln und vor allem seinem Bindegewebe ist ein Wunderwerk an Flexibilität und Anpassungsfähigkeit.

Unser Bindegewebe (das Faszien-System) durchzieht mit seinem Netz aus Taschen, Beuteln, Umhüllungen und Strängen – ähnlich wie Sie es z.B. bei dem Fruchtfleisch einer Orange beobachten können – unseren gesamten Körper. Es bildet das größte enervierte Sinnesorgan, mit zahlreichen Sinnes- und auch Schmerzrezeptoren. Das gut durchfeuchtete Faszien-Netz sorgt mit seinen dehnbaren, scherengitterartig angeordneten Kollagenfasern dafür, dass wir in alle Richtungen beweglich und flexibel sind. Faszienforscher sprechen auch von der sog. Gewebe-Resilienz. Durch Alterungsprozesse, aber vor allem durch Stress, Bewegungsmangel oder zu einseitige Bewegungen, kommt es zu sog. Adhäsionen und Verklebungen. Das Faszien-Netz verfilzt förmlich, der Mensch verliert an Elastizität und Spannkraft. Wir spüren dies z.B. durch Versteifung unseres Körpers, durch Verspannungen oder Rückenschmerzen.

Die moderne Embodiment-Forschung geht von einem Einfluss des Körpers auf den Geist aus. Untersuchungen der amerikanischen Wissenschaftlerin Amy Cuddy haben gezeigt, dass die Haltung des Menschen unmittelbar die Qualität seiner Gedanken beeinflusst und umgekehrt. Leiden Sie aufgrund langjähriger Schreibtischarbeit an chronischen Verspannungen und haben Sie eine gebeugte Haltung, hat dies langfristig nicht nur einen Einfluss auf Ihre körperliche Beweglichkeit, sondern auch auf die Anpassungsfähigkeit und Flexibilität Ihres Denkens.

Beispiel

Nehmen Sie statt einer verschlossenen und gebeugten Haltung eine offene und aufrechte Haltung ein, so zeigt sich diese Haltungsänderung innerhalb von 2 Minuten auch in Ihrem Blutbild. Ihr Testosteronwert steigt, Sie entwickeln positivere Gedanken und mehr Durchsetzungskraft.

Wichtiges Ziel des Resilienztrainings ist es daher, durch interaktive und körperorientierte Trainingsansätze die Flexibilität und Beweglichkeit des Menschen zu fördern.

Mehr Resilienz durch gute Kommunikation

Wie wichtig auch unser Kommunikationsverhalten für die Förderung von Resilienz ist, zeigen die neuen Forschungsarbeiten des amerikanischen Neurophysiologen Stephen Porges. Nach Porges schätzt unser sog. autonomes Nervensystem unablässig Risiken und Gefahren ein, indem es Informationen über Vorgänge in der Umgebung verarbeitet. Aufgrund dieses unbewusst stattfindenden Wahrnehmungsprozesses, auch Neurozeption genannt, kann der Körper schnell und unmittelbar auf Gefahrensituationen reagieren.

Porges unterscheidet auf Basis der Neurozeption fünf physiologische Zustände des autonomen Nervensystems, mit denen der Mensch den Anforderungen des Alltags begegnen kann:

1 **Mobilisation bei Gefahr:** Droht Gefahr und empfindet der Mensch nicht ausreichend Sicherheit und das Gefühl, diese Gefahr beherrschen zu können, mobilisiert das au-

tonome Nervensystem über den Sympathikus einen oder mehrere Schutzmechanismen, wie Angriff, Flucht oder Erstarrung mit Muskeltonus, in dem unsere Muskeln angespannt bleiben.

2 **Immobilisation bei Lebensgefahr:** Bewertet das autonome Nervensystem eine Situation sogar als lebensbedrohlich und gibt es keine ausreichenden, absichernden Faktoren, kann es über den Parasympathikus sogar zu einer extremen Demobilisierung kommen, die wir als Ohnmacht oder auch Totstellreflex kennen. Dieser Erstarrungsmoment zeichnet sich dadurch aus, dass der Körper seinen Muskeltonus verliert.

3 **Soziales Engagement bei Sicherheit:** Fühlt sich der Mensch hingegen in seiner Haut und seiner Umgebung ausreichend sicher, kann er bei drohender Gefahr auf seine Kompetenz zur Selbstberuhigung und auf seine kommunikativen Fähigkeiten vertrauen. Er kann dann den evolutionsbiologisch jüngsten Schaltkreis des autonomen Nervensystems nutzen und damit das sog. System des sozialen Engagements aktivieren. Es ermöglicht dem Menschen, sich selbst zu regulieren, soziale Bindungen zu vertiefen und Konflikte über eine positive soziale Interaktion zu lösen. Das Gefühl von Sicherheit entsteht z. B., wenn innere und äußere Schutzfaktoren vorhanden sind (siehe hierzu das erste Kapitel).

Beispiel

Es kommt zu einer hitzigen Diskussion im Meeting. Der Vorgesetzte kritisiert seinen Mitarbeiter. Es geht um Details in einer Kalkulation. Fühlt sich der Mitarbeiter in der Beziehung zu seinem Vorgesetzten grundsätzlich wertgeschätzt bzw. respektiert und ist er sich seiner Sache auch sonst sicher, können beide die Diskussion, egal wie heftig sie verlaufen mag, als sehr fruchtbar, spannend und gewinnbringend erleben.

Ist die Beziehung zwischen Mitarbeiter und Vorgesetztem jedoch gestört, kommt es z.B. zu Pauschalangriffen oder abschätzenden Bemerkungen, wird es für den Mitarbeiter immer schwerer, eine sachliche Diskussion zu führen. Er beginnt sich aufzuregen, die Situation wird bedrohlicher und gefährlich, der ältere Schaltkreis übernimmt und der Sympathikus sorgt für eine defensive Schutzreaktion: Bevor dem Mitarbeiter der Kragen platzt, packt er wutentbrannt seine Sachen zusammen und geht.

4 **Spiel:** Einen weiterer Zustand, von Porges Hybridzustand genannt, kennen wir als Spiel. Er entsteht, wenn die Mobilisation durch den Sympathikus (siehe Nr. 1), das Gefühl von Sicherheit und soziales Engagement zusammen kommen. Wir können uns voll einbringen, energetisch und kraftvoll sein, wir können uns streiten und auseinandersetzen und uns dabei sicher fühlen. Kinder und Erwachsene lieben gleichermaßen den Zustand des Ungewissen, der Gefahr und eines gewissen Risikos, solange sie ein Gefühl von Sicherheit verspüren.

Beispiel

Kinder kennen diesen Zustand von Mobilisation und Sicherheit, wenn sie sich kabbeln. Erwachsene kennen ihn, wenn sie z.B. in einen sportlichen Wettkampf miteinander treten. Der kreative und offene Zustand des Spiels ist wesentlich für einen entspannten Umgang mit dem Neuen und Ungewissen.

Das gilt auch für unsere Arbeit: Fühlen sich Mitarbeiter sicher, sind sie offen dafür, Neues auszuprobieren und sich auch auf Ideen einzulassen, von denen sie noch nicht hundertprozentig wissen, was sich aus ihnen ergeben wird. Sie sind bereit zu experimentieren, Fehler zu machen, diese auszuwerten und es erneut zu probieren. Kreativität und Innovationskraft am Arbeitsplatz benötigen einen sicheren und natürlichen Spielraum. Er fördert Aufmerksamkeit, Konzentration und den berühmten Flow-Effekt.

5 **Regeneration und Fürsorge:** Schließlich gibt es die Kombination aus dem Gefühl von Sicherheit und Demobilisation. Hier beruhigt und entspannt der Parasympathikus unser System. Wir lassen los, regenerieren und erholen uns. Diesen Zustand der Fürsorge können wir uns gut vorstellen, wenn wir eine Mutter sehen, die ihr schlafendes Kind im Arm wiegt. Auch privat und in unserem Berufsalltag benötigen wir für ein erfülltes Leben nicht nur das Abenteuer, das Spiel und den Wettkampf, wir brauchen ebenso angemessene Ruhe- und Erholungszeiten.

Beispiel

Sie können Kinder dabei beobachten, wie sie sich beim Spiel zwischendurch immer wieder entspannen und ausruhen. Sie lachen, toben, machen dann eine Pause, starren in die Luft und erholen sich kurzzeitig. Sie nutzen diese Zeit, um die Erlebnisse auf sich wirken zu lassen und sich taktisch auf die nächste Phase der Kissenschlacht vorzubereiten. Sie geben ihrem Körper und ihrem Geist ausreichend Zeit, sich auf das nächste Abenteuer vorzubereiten.

Auch Erwachsene kennen diese Rituale der Auszeit und der Pausen: die Arbeit unterbrechen, den Blick aus dem Fenster schweifen lassen, ein paar Meter gehen, sich einen Kaffee oder Tee holen, kurz etwas essen, ein wenig miteinander plaudern, sich bei informellen Gesprächen entspannen oder – je nach Vertrautheit –

einfach mal nur dasitzen und miteinander schweigen. Dies alles sind wichtige Elemente der natürlichen Selbstregulation. Sie dienen dem Aufbau von Resilienz.

Mit Sicherheit stark durch Krisen

Die neueren Erkenntnisse der Wissenschaft zeigen also, dass der Mensch als hochbegabter Change-, Konflikt- und Krisenmanager auf die Welt kommt. Sie zeigen auch: Der zentrale Schlüssel für eine gelungene Stressregulation auf der autonomen Ebene unseres Nervensystems ist das Gefühl von Sicherheit.

- Fühlt sich der Mensch mit sich selbst und in seiner Umgebung sicher, besitzt er, wie die Forschungsarbeiten von Stephen Porges beweisen, eine optimale Resilienz und damit Anpassungsfähigkeit: er kann sich auf unbewusster Ebene selbst regulieren und damit auch auf bewusster Ebene flexibel und angemessen mit belastenden Situationen umgehen.
- Fühlen wir uns hingegen nicht ausreichend sicher, entscheidet das unbewusste, autonome Nervensystem vorrangig darüber, wie wir auf Stress und Belastungen reagieren. Es sichert uns ab: effektiv, schnell, routiniert. Das Handlungs- und Reaktionsspektrum wird von Sympathikus und Parasympathikus dann auf rudimentäre Überlebensstrategien reduziert: Wir reagieren mit einer Kombination aus Kampf, Flucht oder Erstarrung. Unser Verhalten ist so zwar effektiv, aber sehr eingeschränkt auf wenige Reaktions-

möglichkeiten. Da unser Körper allein darauf konzentriert ist, sich mobil zu machen, werden wir mental geradezu ausgeknockt. Aufgrund der Stressreaktionen können wir nicht unsere volle mentale Leistungskraft abrufen. Dies macht uns vor allem dann zu schaffen, wenn wir chronisch unter Stress stehen.

Die Ursachen für Unsicherheit

Im Berufsleben haben wir es ständig mit Situationen zu tun, in denen wir verunsichert werden. Auch das gehört zum Arbeitsalltag dazu.

- Vorgesetzte, Kollegen, Kunden verunsichern uns unabsichtlich mit ihrem Verhalten, mit einem Blick, einer Geste oder mit der Art und Weise, wie sie etwas sagen. Sie treffen bei uns eine empfindliche Stelle, meist ohne es zu wissen oder zu bemerken.
- Manchmal werden wir durch Menschen auch absichtlich verunsichert, weil jemand einen Vorteil aus einer Situation ziehen möchte. Der Kollege möchte eigene Interessen durchsetzen und vor dem Chef besser dastehen, der Kunde möchte die Preise drücken, Sie wollen höhere Preise erzielen.
- Und oft sind es gar nicht die Menschen, die uns verunsichern, sondern die Umgebung oder der Kontext, in dem wir uns bewegen. Das kann z.B. passieren in einer fremden Kultur, wenn wir nicht vertraut mit den Gepflogenheiten vor Ort sind oder wenn wir die Erwartungen der Leute nicht kennen, die uns im nächsten Meeting begegnen werden.

- Auch die allgemeinen Arbeitsbedingungen können uns chronisch verunsichern und uns zu schaffen machen. Mitarbeiter haben Angst, ihre Arbeit zu verlieren. Sie haben Angst, mit dem steigenden Druck nicht mehr umgehen zu können. Auch Führungskräfte haben Angst davor zu versagen, nicht mehr zu funktionieren und den komplexen Anforderungen der gegenwärtigen Arbeitswelt nicht mehr gerecht werden zu können.
- Auch die Angst vor einer ungewissen Zukunft in der VUCA-World (siehe hierzu das Kapitel „Überleben in der VUCA-Welt") verunsichert: Wie sicher ist meine Rente? Wie sicher sind meine Karrierepläne? Wie sicher ist meine Beziehung, Ehe, Partnerschaft? Wie sicher sind die Technologien, mit denen ich mich im Alltag umgebe? Wie sicher sind meine Daten? Wie sicher bin ich vor der nächsten Wirtschaftskrise, vor Naturkatastrophen, vor Krieg oder Terrorismus?

Nicht alle, aber sehr viele Menschen nehmen sich all diese Dinge zu Herzen und stehen heute unter Dauerstress. In einer effizienzgetriebenen und eng durchgetakteten Arbeitswelt haben natürliche Regenerationsphasen keinen Platz mehr. Übermüdung, Konzentrationsmangel und körperliche Erschöpfung führen früher oder später zu Fehlern und einem Leistungsabfall. Zu der Unsicherheit im Außen gesellt sich dann die innere Unsicherheit.

Die Folgen von Unsicherheit

Unsicherheit löst Stress aus. Wir empfinden Druck, manchmal Scham und verschiedene Formen der Angst. Unsere Widerstandskraft schwindet und unser Verhaltensrepertoire wird eingeschränkt. Wir alle kennen die Folgen:

- Geraten wir unter Stress, macht unser Körper mobil, unser Verhalten ist dann nur noch auf Selbstschutz und nicht mehr auf Kooperation ausgerichtet.
- Unsere Körpersprache verändert sich: Wir spannen uns mehr an als erforderlich oder verlieren an Spannkraft.
- Unser Humor löst sich in Luft auf. Wir werden aggressiv, rechtfertigen uns oder verfallen in ein endlos erscheinendes Schweigen.
- Sind wir verunsichert, lässt unsere Konzentrationsfähigkeit nach, Aufmerksamkeit und Problemlösungsfähigkeiten sind eingeschränkt.
- Unsere Wahrnehmungen und unsere Sprache werden verallgemeinernd und unspezifisch. Spontaneität und Schlagfertigkeit gehen verloren.
- Wir verlieren an Toleranz gegenüber anderen Meinungen, an innerer Gelassenheit, Flexibilität und Spannkraft. Unsere Resilienz schwindet.

Beispiel

Chronische Erschöpfung führt dazu, dass Sie Ihre Leistungsfähigkeit nicht mehr richtig einschätzen können. Sie packen sich immer mehr auf die To-do-Liste, als Sie abarbeiten können. Sie sagen viel häufiger Ja, machen Versprechungen und können Termine am Ende doch nicht einhalten. Die Aufmerksamkeitsspanne lässt nach. Sie können sich nicht mehr auf komplexe Aufgabenstellungen konzentrieren, müssen einen Satz fünfmal lesen und verstehen ihn am Ende immer noch nicht. Für eine E-Mail, die Sie sonst in 5 Minuten schreiben, benötigen Sie nun 30 Minuten. Die Folge: Sie werden von Tag zu Tag unsicherer und wissen nicht mehr, was Sie sich noch zutrauen können.

Alles aus dem Gleichgewicht

Vor allem im Berufsleben bringt uns Verunsicherung aus dem Gleichgewicht: Verunsicherte und daher gestresste Mitarbeiter verlieren an körperlicher und mentaler Elastizität. Sie zerbrechen früher oder später an dem Druck, dem sie nicht mehr standhalten können. Die Folgen sind hinreichend bekannt: Stressreaktionen bauen sich nicht mehr ab und werden chronisch, psychosomatische Erkrankungen nehmen zu, ebenso Konflikte, Missverständnisse und Reibungsverluste.

Anstatt Kapazitätsgrenzen wahrzunehmen, an das System zurückzumelden und damit die Voraussetzung dafür zu schaffen, Arbeitsprozesse neu zu organisieren, reagieren Mitarbeiter mit Selbstvorwürfen: Früher ging es doch auch! Es hat doch immer geklappt, warum denn jetzt nicht mehr?

Wie wir uns selbst unter Druck setzen

Im Laufe unseres Arbeitslebens eignen wir uns eine Reihe von Haltungen und Einstellungen an, die uns dabei helfen, erfolgreich und leistungsstark zu werden. Funktionieren diese eine Weile gut, werden sie nicht mehr hinterfragt.

Viele dieser gut gemeinten Haltungen können jedoch dazu beitragen, dass sich Verunsicherung und Stress weiter erhöhen. Vielleicht kennen Sie das ein oder andere der nachfolgenden Beispiele von sich selbst:

Haltungen, mit denen wir uns unter Stress setzen und selbst verunsichern	
Leistungsdruck	„Ich gebe immer mehr als 100 Prozent. Das ist doch selbstverständlich."
Perfektions-ansprüche	„Ich mache es perfekt oder gar nicht! Ich gebe immer mein Bestes, sonst fange ich erst gar nicht an!"
Kontrollbedürfnis	„Ich mache es lieber selbst. Wenn ich es mache, dann weiß ich wenigstens, dass es richtig gemacht wird!"
Fehler-Tabu	„Einen Fehler zu machen oder zuzugeben, bedeutet Schwäche zu zeigen!" „Fehler gibt es in unserem Unternehmen nicht!"
Falsch verstandene Loyalität	„Natürlich gehe ich zur Arbeit, wenn ich krank bin. Ich lasse doch meine Kollegen nicht hängen!"
Existenzangst	„Wenn ich meinem Chef sage, dass es mir mit der Arbeit zu viel geworden ist, dann tauscht er mich doch sofort gegen einen Jüngeren aus! Ich kann es mir nicht leisten meinen Job zu verlieren."

Die gut gemeinte Absicht hinter diesen Leitsätzen ist es, Kontrolle und Sicherheit (wieder)herzustellen. Doch diese Wirkung ist meist nur von kurzer Dauer. Mittel- und langfristig führen die Haltungen dazu, dass Symptome nur verschoben werden, während die Ursachen von Stress und Verunsicherung dauerhaft bestehen bleiben. Das kann bedeuten, dass Konflikte unter Kollegen nicht offen angesprochen und gelöst werden oder dem Vorgesetzten nicht zurückgespiegelt wird, dass die Arbeitsbelastungen zu hoch sind und im Team umverteilt werden müssen.

Was gibt uns Sicherheit?

Doch wer oder was gibt uns im beruflichen Alltag die erforderliche Sicherheit, damit wir weitgehend ohne Stress leben und die Herausforderungen und Krisen gut meistern können?

Selbstvertrauen

Sicherheit erwächst aus dem Gefühl, mit möglicherweise auftretenden Gefahren gut umgehen zu können. Hierzu benötigen wir eine gute Selbsteinschätzung zu unseren Fertigkeiten, Talenten und Kompetenzen. Selbstvertrauen bauen wir z.B. auf durch Erfolgserlebnisse sowie positive Erfahrungen und Rückmeldungen von Vorgesetzten und Kollegen. Unsere Selbsteinschätzung können wir stärken, indem wir mutig und direkt nach Feedback fragen.

Regeln, Routinen und Rituale

Zu wissen woran man ist, gibt Orientierung und entlastet. Das Etablieren von regelmäßigen Meetings, festen Essens- und Pausenzeiten sowie bestimmten Ritualen zu Beginn oder zum Ende eines Arbeitstages, gibt Menschen – gerade in Umbruchzeiten – schnell wieder ein Gefühl von Zuverlässigkeit und Sicherheit.

Feedback und Austausch

Sicherheit entsteht auch durch die Art und Weise, wie offen wir mit anderen Menschen in Kontakt treten und miteinander kommunizieren. Sie entsteht durch Zugewandtheit, klares Feedback, Wertschätzung, Freundlichkeit, Aufmerksamkeit und Toleranz gegenüber der Individualität des Einzelnen.

Ressourcen und günstige Rahmenbedingungen

Zu wissen, dass man im Team gebraucht wird, ist gut. Aber zu wissen, dass das Team auch gut für ein paar Tage ohne einen klar kommen kann, dass es Vertretungen und Backups gibt, erzeugt echte Sicherheit und bildet die Grundlage für Regeneration und Erholung, z.B. bei Krankheit oder Urlaub.

Strukturen und Zuständigkeiten

Wer ist wofür zuständig? Wer entscheidet worüber? Wen kann ich ansprechen, wenn ich ein Problem habe? Zu wem kann ich gehen, wenn ich Hilfe benötige? Können Mitarbeiter diese Fragen schnell und klar beantworten, fällt es ihnen mit Sicherheit leichter, auf Krisen und unvorhergesehene Dinge zu reagieren.

Kontakt und Zugehörigkeit

Sicherheit erwächst zudem aus dem Eingebundensein in ein soziales System oder Versorgungsnetzwerk. Wir erleben Wertschätzung, Versorgung und Fürsorge durch unsere Familie, durch Freunde, vor allem aber auch über unseren Arbeitsplatz.

Werte und Visionen

Die innere Sicherheit wächst, wenn Mitarbeiter mit ihrem Unternehmen Werte und Visionen teilen können. Zu wissen am richtigen Ort zu sein und die Sinnhaftigkeit seines Tun zu erkennen, schafft eine tiefere Verbundenheit und Identität und gibt den erforderlichen Rückhalt – vor allem, wenn das Unternehmen selbst einmal eine Krise durchmacht und dem Mitarbeiter einiges abverlangt.

Sicherheit durch einen geschützten Raum

Sicherheit entsteht durch die Qualität der Umgebung, in der wir uns aufhalten. Wir fühlen uns sicher, wenn wir in einem geschützten Raum agieren, in dem wir ausprobieren, experimentieren können und in dem eine offene Lern- und Fehlerkultur herrscht.

Drei Säulen für mehr Sicherheit

Neurowissenschaftler haben herausgefunden, dass für den Aufbau von Flexibilität, Elastizität und Widerstandskraft die folgenden Aspekte von besonderer Bedeutung sind.

- Sicherheit vermittelnde Kommunikation
- Körper und Geist in Bewegung bringen
- Achtsamkeit und Aufmerksamkeitslenkung

Sicherheit vermitteln

Beginnen wir mit wichtigen Konzentrationspunkten, die Ihnen dabei helfen, die Kommunikation im Team zu verbessern, mehr Sicherheit auszustrahlen und Sicherheit zu vermitteln.

Öffnung und Zuwendung:	**Augenkontakt:**
Wie ist mein Oberkörper ausgerichtet? Bin ich meinem Partner gegenüber offen und zugewandt?	Schaue ich meinen Gesprächspartner an und gebe ihm die Gelegenheit, mir in die Augen zu sehen?
Beweglichkeit und Tonus:	**Modulation und Stimme:**
Bin ich stark angespannt? Schaue ich ernst und versteinert? Kann ich mich entspannen, lächeln und meine Gelenke frei bewegen?	Ist meine Stimme monoton, hektisch, hoch, laut oder leise? Moduliere ich meine Stimme und gebe ich Dynamik in sie hinein?

Sie müssen nicht gleich auf alle vier Konzentrationspunkte achten. Wenn Sie wütend sind, kann es für ein Lächeln noch zu früh sein, aber vielleicht ist es dann ein erster Schritt, sich dem Gesprächspartner schon einmal körpersprachlich zuzuwenden.

In entspannter und sicherer Gesprächsatmosphäre sind in der Regel alle vier Konzentrationspunkte aktiviert. Beobachten Sie andere Menschen im Gespräch, studieren Sie deren Verhalten und erkennen Sie so die Unterschiede.

Bewegung ins Spiel bringen

Wie wir spontan und unbewusst in einer Gesprächssituation reagieren, können wir nicht immer beeinflussen. Dennoch können wir lernen, diese Reaktionen und Gefühle mit ein wenig Zeitverzögerung genau wahrzunehmen, um ihnen dann entgegenzusteuern bzw. sie zu kanalisieren.

Die Grundidee ist dabei immer die: Verharren Sie nicht länger als nötig in einer konfliktgeladenen und angespannten Situation, sondern bringen Sie Bewegung ins Spiel. So werden nicht nur Sie flexibler in Ihren Reaktionen, auch Ihre Kollegen und Mitarbeiter können dann anders als gewohnt auf Sie reagieren.

Resilienztraining: die Selbstregulation anregen

Sie bemerken, wie in einem Gespräch plötzlich Ärger und Anspannung in Ihnen hochkommen?

- Halten Sie einen Moment inne und beobachten Sie Ihren Körper. Spüren Sie kurz in sich hinein. Haben Sie die Schultern vielleicht gerade hochgezogen? Halten Sie Ihren Atem an?
- Wenn ja, dann können Sie nun bewusst etwas dagegen tun: Atmen Sie einige Male tief ein und tief wieder aus. Kreisen Sie nun mit Schultern, lockern Sie Ihre Gelenke, auch an den Ellbogen und Händen. Ziehen Sie die Schul-

tern kurz bewusst hoch und lassen Sie sie dann wieder fallen. Wenn Sie können, strecken und dehnen Sie sich zusätzlich und gehen Sie ein paar Meter.

Der Körper beginnt mithilfe dieser Übung schnell, sich wieder selbst zu regulieren und die Anspannung abzubauen. Sie können mit ein wenig Routine diese Bewegungen sogar machen, ohne das Gespräch zu unterbrechen. Am Anfang empfiehlt es sich jedoch, kurz zu unterbrechen und das Gespräch dann in einem entspannten Zustand weiter zu führen.

Resilienztraining: Routinen unterbrechen

Sie hören sich in einem Gespräch immer wieder „Ja, aber ..." sagen? Sie merken, wie das Gespräch immer festgefahrener wird?

- Richten Sie Ihre Aufmerksamkeit einen Moment nur auf sich selbst. Wie sitzen Sie da? Vielleicht sehr aufrecht und steif oder niedergesunken und eingefallen? Beachten Sie Ihre Körpersprache: Halten Sie die Arme verschränkt? Fühlt es sich angenehm oder unangenehm an? Schauen Sie Ihren Gesprächspartner an oder weichen Sie seinem Blick eher aus?
- Im nächsten Schritt können Sie sich bewusst dazu entscheiden, etwas zu verändern und Bewegung ins Spiel zu bringen. Das muss nicht viel sein. Sie können sich z. B. ein wenig aufrichten oder die Arme wieder öffnen. Legen Sie die Hände z. B. für eine Minute mit den Handflächen nach oben auf Ihre Knie. Sie werden schnell bemerken, wie das Ihre Wahrnehmung verändert und Sie sich innerlich entspannter und wieder kraftvoller fühlen.

- Schauen Sie Ihren Partner offen an. Nehmen Sie wieder Verbindung zu ihm auf und versuchen Sie es statt mit einem „Ja, aber ...!", mit einem „Ja, vielleicht ist es doch eine interessante Idee! Erzähl' mir mehr davon". Beobachten Sie, wie sich die Gesprächsatmosphäre dadurch in Sekundenschnelle verändern kann.

Resilienzförderndere Arbeitsklima schaffen

Im Folgenden lernen Sie verschiedene Strategien kennen, mit denen Sie bessere Arbeitsbeziehungen aufbauen, Stress reduzieren oder Konflikte sogar im Vorfeld vermeiden können. Entwickeln Sie damit eine einfache und klare Kommunikation, die von Achtsamkeit, Aufmerksamkeit und Wertschätzung geprägt ist. So bleiben Sie in Krisenzeiten glaubwürdig, authentisch, und Sie verbessern das Betriebsklima. Sie steigern damit Ihre persönliche Resilienz sowie die Ihrer Kollegen und Mitarbeiter.

Die Strategien im Überblick

- Vom Negativen zum Positiven
- Von der Verallgemeinerung zur Konkretisierung
- Von der Regel zur Ausnahme
- Von der Bewertung zur Beschreibung der Wahrnehmung
- Vom Unmöglichen zum Möglichen
- Vom Selbstverständnis zum Feedback

Vom Negativen zum Positiven

Es gibt viele verneinende und negative Formulierungen, die wir nur aus reiner Gewohnheit nutzen.

Beispiel

Das ist kein Problem. / Das ist nicht schlimm. / Nichts passiert! / Macht doch nichts!

Unser Gehirn kann solche Verneinungen und Negativ-Formulierungen nur auf einem abstrakten Niveau verstehen und nachvollziehen. Die bildliche Vorstellungskraft ist dabei immer stärker.

Stellen Sie sich einmal **keinen** rosa Elefanten vor! Was geschieht? Genau. Sie haben einen rosa Elefanten vor Ihrem inneren Auge. Die Bereiche unseres Gehirns, die für Abstraktionen und Sprache zuständig sind, setzen dem Bild zwar ein „kein" hinzu. Die bildgebenden Bereiche unseres Gehirns produzieren jedoch weiterhin den Elefanten.

Durch Verneinungen betonen Sie also indirekt das alte Verhalten. Möchten Sie aber ein neues resilienzförderndes Verhalten etablieren, müssen Sie diese neue Handlungsalternative konkret benennen. Wollen Sie Ihre Resilienz und die Ihrer Mitarbeiter stärken, dann lohnt es sich also, über positive Alternativen nachzudenken, um negative Bilder zu vermeiden. Wählen Sie also, wann immer es Ihnen möglich ist, eine positive Formulierung oder Umschreibung dessen, was Sie ausdrücken möchten. Achten Sie auf den feinen Unterschied. Die folgende Tabelle hilft Ihnen dabei.

Wählen Sie positive Formulierungen	
Statt:	**Lieber:**
Kein Problem!	Geht in Ordnung!
Ich möchte nicht mehr, dass du ...	Ich möchte, dass du in Zukunft ...
Ich möchte, dass Sie keine Überstunden mehr machen.	Ich möchte, dass Sie heute pünktlich um 17 Uhr nach Hause gehen.
Ich möchte heute keine Überstunden mehr machen.	Ich möchte heute pünktlich um 17 Uhr nach Hause gehen.
Ich möchte nicht, dass Sie krank zur Arbeit kommen.	Bitte bleiben Sie heute zu Hause und kurieren Sie sich aus.
Ich möchte heute nicht krank zur Arbeit gehen	Ich bleibe heute zu Hause und kuriere mich aus.

Von der Verallgemeinerung zur Konkretisierung

Verallgemeinerungen benutzen wir, wenn wir unter Stress stehen. Das ist völlig normal. Solche Formulierungen helfen uns dabei, eine Situation schneller zu erfassen, uns einen Überblick zu verschaffen und sofort eine Entscheidung zu treffen. Leider führen Verallgemeinerungen aber auch dazu, dass eine Sachlage nur einseitig, extrem und oft auch unsachlich geschildert wird. Der Gesprächspartner kann dies als ungerecht empfinden und gerät so unter Stress.

Bemerken Sie, dass Sie oder Ihr Gesprächspartner eine Verallgemeinerung benutzt haben, dann schieben Sie im nächsten Schritt einfach eine Konkretisierung hinterher. Gewöhnen Sie sich an, Situationen so konkret wie möglich zu beschreiben.

Wie Sie auf Verallgemeinerungen reagieren können	
Wenn Sie dies hören/sagen:	**... schließen Sie so an:**
Immer ...	Du meinst gestern Abend?
Jeder ...	Sie meinen Kollege Müller und Frau Maier ...
Alle ...	Also, ich meine jetzt die Abteilung X. Der Kunde Y hat nämlich gesagt ...
Jedes Mal ...	Konkret beim Meeting am Dienstag ...
Generell ...	Im Fall von Herrn B ...

Von der Regel zur Ausnahme

Oft scheint es im Berufsleben die Regel zu sein, dass etwas schief läuft. Sprechen Sie jedoch nicht nur über das, was schiefläuft. Achten Sie auf die Ausnahmen zur Regel und kommunizieren Sie mit Freunden und Kollegen darüber. Das gilt übrigens auch im umgekehrten Fall. Es laufen auch nicht alle Dinge ständig nur gut und richtig.

Beispiel

Positive Ausnahmen:

Vorhin hat der Chef dich für die Präsentation ja richtig gelobt. Super, dass du ihn direkt danach um ein Feedback gebeten hast! Das werde ich mich beim nächsten Meeting auch trauen!

Ich habe gestern Nachmittag pünktlich Feierabend gemacht. Mein Sohn hat sich echt gefreut, dass ich ihn vom Training abgeholt habe. Es macht Spaß, mehr Zeit mit ihm zu verbringen!

Negative Ausnahmen:

Heute habe ich mich zur Arbeit einmal nicht in den Konferenzraum zurückgezogen, und schon habe ich kaum etwas erledigt bekommen.

Gestern Abend habe ich den Sport mal sausen lassen und mich bis spät in die Nacht vor den Fernseher gehockt. Heute Morgen war ich total verspannt und hatte Kopfschmerzen.

Überlegen Sie, warum etwas ausnahmsweise mal gut oder schlechter gelaufen ist als sonst. So erhalten Sie wichtige Informationen. Was haben Sie oder Ihr Kollege dieses Mal anders gemacht?

- War es von Vorteil? Dann probieren Sie beim nächsten Mal mehr desselben und lassen Sie die Ausnahme so nach und nach zur Regel werden.
- War es von Nachteil? Dann achten Sie darauf, dass es auch in Zukunft bei der Ausnahme bleibt.

Von der Bewertung zur Wahrnehmung

Eine gute Prophylaxe gegen Krisen ist es, von der Bewertung zur Wahrnehmung zu kommen. Ob jemand eine Situation als Krise wahrnimmt, hängt nämlich im Wesentlichen davon ab, wie er die Situation für sich einschätzt und bewertet. Für den einen ist die Umstrukturierung der Abteilung ein Segen, für den anderen dagegen eine mittlere Katastrophe. Möchten Sie Stress für sich und andere reduzieren und das Entstehen von

Krisen im Vorfeld vermeiden, dann empfiehlt es sich, mit allen Sinnen Folgendes wahrzunehmen.

- Wie bewerten Sie die Situation im Moment persönlich?
- Wie wird sie von anderen bewertet?
- Ist das Label Krise wirklich angemessen?

Gehen Sie in (vermeintlichen) Krisenzeiten generell mit Interpretationen und Deutungen sparsam um und schildern Sie Ihrem Chef, Ihren Mitarbeitern oder Kollegen stattdessen, was Sie mit allen Sinnen wahrgenommen haben. Damit schützen Sie sich vor unsachlichen Verallgemeinerungen. Auch Diskussionen werden emotional nicht so aufgeladen. Nutzen Sie möglichst Ich-Botschaften:

- Ich habe gesehen, dass ...
- Aus meiner Perspektive stellt sich das so dar ...
- Ich habe gehört, dass ...
- Ich habe dich so verstanden, dass ...
- Für mich hat sich das angefühlt, als ....
- Für meinen Geschmack ist es ...

Hat Sie eine Situation sehr unter Stress gesetzt? Hat jemand bei Ihnen den Alarmknopf, also den Red Button, gedrückt? Hat er damit in Ihnen etwas ausgelöst, das Sie gleich heftig und emotional reagieren ließ? Drücken Sie in solchen Situationen, bevor Sie handeln, Ihrerseits die Stopp-Taste: Lassen Sie sich etwas Zeit, um das, was geschehen ist, angemessen zu verarbeiten. Gewinnen Sie zunächst Ihre innere Kraft und Selbstsicherheit zurück.

- Nehmen Sie einen Moment Abstand, bevor Sie mit Ihren Kollegen oder Ihrem Team über Ihr Erlebnis sprechen.
- Regulieren Sie Ihren Atem, bewegen Sie sich, lockern Sie Ihre Gelenke, gehen Sie ein paar Meter.
- Fragen Sie sich, wie ein neutraler Dritter die Situation aus seiner Sicht beschreiben würde. Schildern Sie aus dessen Perspektive, was geschehen ist.

Beispiel

> Der Kunde war mit den Entwürfen unzufrieden und möchte noch einmal zwei neue bis morgen haben.

- Erforschen Sie dann, wie Sie die Situation für sich einordnen und bewerten können. Fragen Sie sich, welche Emotionen die Situation in Ihnen ausgelöst hat, wie z. B. Angst, Wut oder ein anderes unangenehmes Gefühl. Zollen Sie Ihren Gefühlen Anerkennung.

Beispiel

> „Ja, ich habe mich über das Verhalten des Kunden richtig aufgeregt. Dieser herablassende Blick! Das hat mich an den Blick meines Vaters erinnert. Ich habe mich gefühlt wie ein kleiner Junge. Unverschämter Kerl. Dabei haben wir ihm schon drei Entwürfe kostenlos gemacht. Am liebsten würde ich den Kunden abgeben!"

- Treffen Sie nun eine bewusste Entscheidung darüber, inwieweit Sie Ihre subjektiven Gefühle mit anderen teilen möchten, und wer derjenige sein soll. Mit dieser bewussten Entscheidung übernehmen Sie Selbstverantwortung und auch das sog. Energie-Management: Sie steuern den Grad der Erhitzung und reduzieren so nicht nur Ihr eigenes, sondern auch das Stressempfinden Ihres gesamten Teams.

- Beschreiben Sie die Situation gegenüber Ihren Kollegen oder Ihrem Team dann möglichst aus der neutralen Sicht eines Dritten. Berichten Sie einfach, was Sie wahrgenommen haben, ohne dass Sie der Wahrnehmung eine Bewertung zuordnen.

Beispiel

Statt: „Oh weh! Das gibt Ärger. Der Kunde springt uns ab. Der war total sauer. Wenn wir jetzt nicht was abliefern, dann können wir den ganzen Etat vergessen.", klingt das dann so: "Der Kunde hat mir den Entwurf zurückgegeben mit der Bitte, dass wir bis morgen zwei neue Ideen entwickeln. Also, wer hat eine Idee?

Vom Unmöglichen zum Möglichen

Nennen Sie gestressten Kollegen oder Kunden nicht das, was nicht geht oder was Sie gerade nicht können, sondern reden Sie nur über das, was Ihnen möglich ist.

Machen Sie in Krisenzeiten keine falschen Versprechen, geben Sie stattdessen eine klare Orientierung und nennen Sie die Fakten: Wer, was, wann, wo, wie und warum? Das gibt Ihnen und anderen mehr Sicherheit und sorgt für Entspannung.

So geben Sie in Krisenzeiten Orientierung	
Statt:	**Lieber:**
Ich kann jetzt nicht!	Ich kann um 14 Uhr bei Ihnen sein.
Ich weiß nicht, wie das geht.	Kannst du bitte Klaus fragen? Der kennt sich mit dem Programm aus.
Keine Ahnung, wo die Akten sind.	Ich habe schon im Ordner nachgesehen, der Vorgang ist wohl noch bei Frau Meier.
Ich möchte den Fall Krüger nicht schon wieder auf dem Tisch haben.	Könntest du bitte den Fall Krüger für mich übernehmen? Dann kümmere ich mich gerne um die Akte Maier – da kenne ich mich besser aus.
Das darf ich gar nicht. Dafür bin ich nicht zuständig!	Das macht bei uns der Chef persönlich. Haben Sie seine Durchwahl?

All diese Formulierungen helfen Ihnen, eine offene und klare Beziehung zum Gesprächspartner aufzubauen und Missverständnisse zu vermeiden. Sie lassen weniger Spielraum für Interpretationen, sind in der Regel freundlicher und verbindlicher, was der Gesprächspartner zu schätzen weiß.

Vom Selbstverständnis zum Feedback

Feedback, Resonanz und Rückmeldung sind für uns Menschen wichtiger, als es uns manchmal lieb ist.

- Das Feedback anderer Menschen hilft, unsere eigenen Gefühle zu regulieren, uns wohl und sicher zu fühlen. Die Rückmeldung anderer gibt uns ein Gefühl von Zugehörigkeit und des Wahrgenommenwerdens.
- Geben wir einem anderen Feedback, dann zeigen wir ihm, dass wir uns für ihn und seine Arbeit interessieren, dass er uns wichtig ist und dass wir miteinander und voneinander lernen wollen.
- Ein klares Feedback – gleich ob negativ oder positiv – macht uns stark und selbstbewusst. Es gibt uns eine Chance etwas zu verändern. Es gibt uns Orientierung, und wir wissen woran wir sind.

Wollen wir Resilienz im Unternehmen fördern und fit für den Umgang mit Krisen werden, dann sollten wir eine Feedback-Kultur schaffen, die in zwei Richtungen offen ist. Dies setzt ein Arbeitsklima voraus,

- in dem es möglich ist, Fehler, Probleme und Schwächen offen anzusprechen.
- in dem es selbstverständlich ist, dass Mitarbeiter nicht nur für ihre Arbeit kritisiert, sondern ebenso gelobt werden.

Feedback zu geben scheint uns im Arbeitsalltag große Probleme zu bereiten. Warum ist das so? Ein offenes Gespräch zu suchen und auch ein direktes Lob auszusprechen, ist für

Führungskräfte und Mitarbeiter oft schwierig und unangenehm, weil sie damit nicht vertraut und nicht darin geübt sind. Konfliktgespräche und Aushandlungsprozesse gehen uns nicht mal eben so leicht von der Hand. Sie wollen geübt sein.

Wir können dasjenige Verhalten am leichtesten abrufen, das wir am intensivsten trainiert haben. Es fällt uns in der Regel leichter, Druck und Stress abzubauen, wenn wir mit der Kollegin darüber sprechen, dass der Chef einem wieder mal zu viel Arbeit aufgehalst hat, anstatt mit diesem direkt darüber zu sprechen. Ein direktes Gespräch ist ungleich unbequemer. Es wäre damit verbunden, eine Klärung über die Verteilung der Arbeitsaufgaben oder die anstehenden Prioritäten herbeizuführen. Fragt man in Seminaren nach, warum Mitarbeiter die direkte Konfrontation mit ihren Chefs scheuen, kommen meist die folgenden Antworten.

Gedanken, die sich Mitarbeiter machen	
Erwartungshaltungen:	„Der Chef muss doch sehen, dass es mir langsam zu viel ist. Der sieht doch, was alles auf meinem Schreibtisch liegt." (Die Kristall-Kugelfalle)
Befürchtungen:	„Wenn ich meinem Chef sage, dass es mir zu viel wird, dann denkt er, ich schaffe das hier nicht mehr, und den Job bekommt dann jemand anderes." (Die Kündigungsfalle)
Scham:	„Ich traue mich nicht das zuzugeben. Ich habe doch sonst auch immer alles geschafft." (Die Früher-ging-es-doch-auch-Falle)

Gedanken, die sich Mitarbeiter machen	
Schuldgefühle:	„Das ist doch meine Schuld, dass ich es nicht schaffe. Ich bin eben schlecht organisiert. Ich muss mich nur mehr anstrengen!" (Die Leistungsfalle)
Eigene Ansprüche:	„Ich bin schließlich dazu da, Probleme selbst zu lösen. Außerdem: diese Genugtuung gönne ich ihm nicht." (Die Perfektionsfalle)

Auch Führungskräfte sind häufig verunsichert und wissen nicht, wie sie an das Thema Feedback herangehen sollen.

Gedanken, die sich Führungskräfte machen	
Erwartungshaltungen:	„Wenn Frau Müller nicht klarkommt, dann muss sie sich schon melden. Ich kann ja nicht hellsehen!"
Befürchtungen:	„Vielleicht vergreife ich mich im Ton? Ich weiß nicht, wie ich es ausdrücken soll – da sage ich lieber mal gar nichts, bevor ich was falsch mache. Frau Müller ist ja doch eine gute Kraft und gibt immer ihr Bestes."
Scham:	„Mich hat auch nie einer gelobt! Ich kenne das nicht. Das wäre mir auch peinlich. Ich schleime doch da nicht herum bei meinen Mitarbeitern."

Gedanken, die sich Führungskräfte machen	
Schuldgefühle:	„Ich habe sowieso ein schlechtes Gewissen. Ich weiß ja, dass das zu viel Arbeit für einen ist. Aber was soll ich machen? Wir bekommen einfach keine zweite Stelle genehmigt. Dann spreche ich es doch lieber einfach nicht an und sehe, wie weit es gehen kann."
Eigene Ansprüche:	„Ich muss hier auch die doppelte Arbeit machen. Wo kämen wir denn hin, wenn ich dafür ständig von meinem Chef gelobt werden will! Schließlich werden wir ja hier auch gut für unseren Job bezahlt!"
Alte, antiquierte Leitsätze:	„Nicht gemeckert ist genug gelobt!"

Geben Sie das einfachste Feedback der Welt: Fragen Sie!

Gibt es also einen Weg, sich dem Thema Feedback zu nähern, ohne all diese großen emotionalen Themen anzugehen? Ja, den gibt es. Das schönste, einfachste und stärkste Feedback, das Sie geben können, heißt: Interesse zeigen. Und zwar, indem Sie nichts weiter tun, als offene Fragen zu stellen. Wenn Sie Fragen als Feedbackinstrument nutzen, überlassen Sie es Ihrem Gegenüber, wie weit er sich auf Sie zubewegen möchte und kann. Sie bleiben damit auf neutralem Boden, und Sie setzen einen Feedbackprozess in Gang, der Ihnen viele Türen öffnet.

Binden Sie Ihr Feedback dann in das sich anschließende Gespräch ein und schildern Sie hierzu in Ich-Botschaften, was Sie wahrgenommen haben oder was Sie sich wünschen würden. Gehen Sie dabei sparsam mit Bewertungen um und seien Sie großzügig mit Ihrem Interesse an Veränderung! Betonen Sie Mitarbeitern oder Kollegen gegenüber, dass Sie für Neues offen sind. Zeigen Sie Interesse an den Ideen anderer.

Feedback geben durch offene Fragen

Statt:	Lieber:
Das haben Sie gut gemacht!	Was hat Ihnen gut gefallen an der Präsentation, die Sie heute gehalten haben? (...) Ja, mir haben auch die Beispiele gut gefallen, die Sie gewählt haben. Sie waren sehr anschaulich!
Das lief aber nicht so gut vorhin!	Wie zufrieden waren Sie mit der Präsentation vorhin? (...) Ja, ich hätte mir auch noch ein paar konkrete Beispiele gewünscht. Wenn Sie möchten, können wir gerne noch ausführlicher darüber sprechen, wie Sie die nächste Präsentation noch besser machen können. Passt es Ihnen heute Nachmittag?
Das ist mir zu viel Arbeit. Ich schaffe das nicht mehr.	Herr Müller, eine Frage: Welche Prioritätensetzung bevorzugen Sie? Wenn ich X, Y und Z bis heute Nachmittag fertigmachen soll, dann kann ich die Aufgabe K erst morgen angehen. (...) Prima. Dann mache ich K morgen!

Auf einen Blick: Resilienter werden

- Nur derjenige, der gleich einem Bambus flexibel und anpassungsfähig ist, kann im Umgang mit Stress und Belastungen auf eine Vielzahl möglicher Reaktionsweisen zurückgreifen und mit einer Krise somit besser umgehen.
- Die Forschung zeigt: Resilienz ist erlernbar. Unser Gehirn und Körper versetzen uns in die Lage, ein Leben lang neue Bewältigungsstrategien für Krisen zu entwickeln.
- Arbeit ist zumindest unser halbes Leben. Damit wir im Beruf von einem resilienzfördernden Klima profitieren können, ist eine einfache und klare Kommunikation nötig, die von Achtsamkeit, Aufmerksamkeit und Wertschätzung geprägt ist.
- Dazu ist es wichtig, positive Kommunikationsmuster zu entwickeln, die uns positiver, offener und konstruktiver auf andere zugehen lassen.

Acht Faktoren, die stark machen

Die Resilienz Einzelner oder ganzer Teams lässt sich fördern – und das ist, wenn man an den richtigen Punkten ansetzt, gar nicht so schwer.

In diesem Kapitel

- lernen Sie die Voraussetzungen dafür kennen, die es möglich machen, widerstandsfähiger zu werden,
- erfahren Sie, auf welche Faktoren Sie Ihren Fokus legen sollten,
- lesen Sie, wie Sie und Ihr Team die einzelnen Faktoren im Alltag aktivieren können.

Der Resilienz-Zirkel

Der Resilienz-Zirkel

Wie bereits im Kapitel „Das Phänomen Resilienz" festgestellt, sind es verschiedene innere und äußere Schutzfaktoren, die uns widerstandsfähig und stark machen, um Krisen besser bewältigen zu können. Im sog. Resilienz-Zirkel nach dem Bambus-Prinzip® werden diese Faktoren unter acht Leitgedanken zusammengefasst, systematisch trainiert und gefördert. Zu ihnen gehören: Optimismus, Akzeptanz, Lösungsorientierung, Selbstregulation, Selbstverantwortung, Beziehungs- und Zukunftsgestaltung sowie das Improvisationsvermögen.

Ein Resilienz-Zirkel-Training hilft Organisationen, der Unternehmensleitung, Führungskräften wie auch Mitarbeitern dabei, Schritt für Schritt

- bei akuten Krisen ihre Aufmerksamkeit auf die Präsenz aller acht Resilienzfaktoren auszurichten,
- die vorhandenen Ressourcen, entlastende Momente und Kraftquellen des Systems wahrzunehmen,
- die eigenen Abwehrkräfte zu aktivieren und Schritt für Schritt die Erfahrung von Selbstwirksamkeit auszubauen.
- Zugleich lernen sie Krisen für die Zukunft vorzubeugen.

Die integrative Resilienzförderung nach dem Bambus-Prinzip® aktiviert und fördert die Flexibilität, Beweglichkeit und Elastizität eines Menschen bzw. einer Organisation auf vier verschiedenen Ebenen: mental, körperlich, in der Interaktion mit den beteiligten Personen und im Hinblick auf den konkreten Kontext, in welchem die Krise auftritt.

Jeder der acht Resilienzfaktoren wird im Hinblick auf die folgenden Fragestellungen untersucht:

Mindset

Verfügen wir bereits über resiliente Haltungen und Einstellungen? Wie festgefahren oder aber flexibel und anpassungsfähig sind unsere Denkweisen, Verhaltensmuster und Routinen? Wie einschränkend oder aber Raum schaffend sind die – oft unausgesprochenen – Unternehmensleitbilder und Leitsätze, nach denen im Unternehmen gearbeitet wird?

Embodiment

Wie wird Resilienz im System verkörpert? Wie verspannt und verhärtet oder aber wie vital und beweglich ist das System, mit dem und in dem wir arbeiten? Diese Frage kann sich auf die körperliche Verfassung des Mitarbeiters ebenso beziehen wie auf den Körper und die Strukturen einer Organisation.

Interaktion

Wie resilient läuft die Zusammenarbeit innerhalb des Systems? Gibt es Reibungsverluste und Konfliktpotenziale? Welche resilienzförderlichen Kommunikationsstrukturen lassen sich etablieren? Wie können Workflow und Arbeitsorganisation verbessert werden? Wie lässt sich eine resiliente Führungskultur etablieren und ausbauen?

Kontext

Wie resilienzfördernd ist die jeweilige Arbeitssituation, sind Arbeitsaufträge, die Arbeitsumgebung und das Umfeld, in dem wir arbeiten? Wo finden wir ungenutzte Ressourcen, die übertragen und aktiviert werden können?

Optimismus und positive Selbsteinschätzung

Nach dem Motto „Das Glas ist halb voll und nicht halb leer", zeigen jene Menschen im Umgang mit Belastungen mehr Widerstandskraft, die in ihrem Leben gelernt haben, eine optimistische Grundhaltung gegenüber Veränderungen zu entwickeln. Hierzu gehört auch, dass sie sich ihrer Fähigkeiten, Kompetenzen und Stärken bewusst sind.

Resiliente Menschen können auch in Krisenzeiten mit einem gewissen Abstand auf die Gesamtsituation blicken und erkennen, was – trotz aller Probleme – gerade gut, richtig und vorteilhaft für sie verläuft. Sie können ihre Energie und Aufmerksamkeit auf die positiven Ausnahmen richten, Chancen und Möglichkeiten erkennen.

Optimismus kann man lernen

Der zentrale Schlüssel für die Entwicklung von Optimismus in Krisenzeiten ist die Art und Weise, wie Sie Ihre Energie und Aufmerksamkeit auf das lenken, was funktioniert und gut läuft. Stellen Sie sich – am besten täglich – die folgenden Fragen, um diesen Optimismus in Ihnen zu erwecken:

- In welchen Momenten habe ich mich heute wohl gefühlt?
- Was habe ich heute als besser, leichter, angenehmer empfunden?

- Was ist mir heute gut von der Hand gegangen? Was habe ich gut hinbekommen?
- Welche meiner Stärken und Talente konnte ich heute einsetzen?

Auch im Team kann man gemeinsam Optimismus entwickeln. Geben Sie sich und anderen mehr Sicherheit, indem Sie so oft wie möglich die Aufmerksamkeit auf die Stärken und auf gemeinsame, positive Erfahrungen richten. Das funktioniert auch und ist sogar besonders wichtig, wenn Ihr Team demotiviert, verängstigt und verunsichert ist.

Es geht dabei nicht um Schönmalerei, sondern darum, einseitige, stressinduzierte Sichtweisen auszugleichen, Verallgemeinerungen vorzubeugen und eine größere Bandbreite von Erfahrungen anzuregen.

- Betonen Sie in persönlichen Gesprächen und Meetings immer wieder diejenigen Aspekte, die gut laufen, die funktionieren, die Ihnen oder anderen leicht von der Hand gehen.
- Diskutieren Sie Probleme und Schwierigkeiten, doch suchen Sie gleichermaßen mit Ihrem Team immer wieder auch nach den positiven Ausnahmen.
- Seien Sie selbst bereit für Veränderungen und öffnen Sie sich für einen Neuanfang. Fragen Sie sich und Ihre Mitarbeiter immer wieder: Was könnte an der jetzigen Situation einmal von Vorteil sein? Was gilt es jetzt zu lernen?

Akzeptanz und Realitätsbezug

Der Tag hat nur 24 Stunden. Das ist eine Tatsache. Resiliente Menschen können die Rahmenbedingungen, unter denen sie arbeiten, realistischer einschätzen als andere. Sie besitzen ein gutes Gefühl für den Einsatz ihrer Ressourcen, wie Zeit, Kraft, Energie und Geld.

Resilient mit Krisen und Belastungssituationen umzugehen bedeutet vor allem, Frustrationen und Überforderungsgefühlen vorzubeugen und selbst für Motivation und Erfolgserlebnisse zu sorgen. Hierzu gehört eine ordentliche Portion Mut. Es erfordert die Kunst, auch mal Nein zu sagen, sich abzugrenzen und sich damit bei anderen vielleicht unbeliebt zu machen. Resiliente Grundhaltungen im Arbeitsleben können sich in den folgenden Leitsätzen ausdrücken:

- Ich nehme mir für den Tag nicht mehr vor, als ich realistischerweise schaffen kann.
- Ich sorge für ausreichend Pufferzeiten, damit ich auch mit unvorhergesehenen Aufgaben noch gut umgehen kann.
- Ich gebe meinem Chef und meinem Team rechtzeitig Rückmeldung darüber, wenn meine Kapazitäten erschöpft sind oder ich meine Leistungsgrenzen erreicht habe.
- Ich sorge gemeinsam mit meinem Team dafür, Aufgaben und Ressourcen so zu verteilen, dass wir optimale Ergebnisse erzielen.

Das Chaos akzeptieren

Krisenzeiten sind geprägt von Veränderungen. Diese zwingen Menschen dazu, aus gewohnten Verhaltensmustern und Routinen auszubrechen. Damit steigt das Gefühl von Verunsicherung. Bevor sich wieder neues Verhalten und neue Gewohnheiten entwickeln können, sind Mitarbeiter oft mit Unklarheiten, Widersprüchen und Mehrdeutigkeiten konfrontiert.

Es hilft Ihnen und Ihren Mitarbeitern in Krisenzeiten, wenn Unklarheiten und Irritationen als etwas völlig Normales angenommen werden und laut ausgesprochen werden dürfen. Sie stärken Ihre Mitarbeiter, wenn Sie deren Einwendungen gegen das Neue spiegeln und sie in die Klärung offener Fragen einbeziehen.

Beispiel

„Ja, Sie haben Recht, die Anweisungen der Firmenleitung sind derzeit widersprüchlich. Ich werde die Punkte noch einmal mit meinem eigenen Vorgesetzten besprechen und um Klarheit bitten."

„Ja, das stimmt. Die Belastungen, die das Team abfangen muss, übersteigen derzeit unsere Kapazitäten. Wir müssen also die Prioritäten neu setzen. Haben Sie einen Vorschlag, wie wir vorgehen sollen?"

„Ja, es ist nicht ganz eindeutig geregelt, wie wir nun vorgehen sollen. Welche Optionen sehen Sie denn? Welche Vorgehensweise halten Sie für angemessen?"

Lösungsorientierung und Kreativität

Krisenzeiten zeichnen sich dadurch aus, dass Best Practice-Lösungen, Routinen und Gewohnheiten mit einem Mal nicht mehr funktionieren. Um eine ausreichende Widerstandskraft aufzubauen, braucht es vor allem einen offenen Umgang mit Problemen und eine konstruktive Fehlerkultur. Eine solche Kultur kann sich nur etablieren, wenn Mitarbeiter dafür sensibilisiert werden, Probleme und Fehler rechtzeitig zu erkennen, und wenn sie diese auch offen ansprechen dürfen. Nur dann kann unmittelbar nach Lösungen gesucht werden. Nur dann können kreative Problemlösungsstrategien und neue Ideen entwickelt werden. Die folgenden Einstellungen fördern eine positive Fehlerkultur und die Kreativität:

- Ich traue mich, Fehler und Probleme offen bei meinem Chef und im Team anzusprechen.
- Ich stelle mehr Fragen, als dass ich fertige Lösungen oder Konzepte anbiete.
- Ich weiß, dass Ideen Zeit, Bewegung, Interaktion und informelle Gespräche brauchen. Diese Zeit gebe ich mir und meinen Mitarbeitern.
- Ideen entstehen nicht unter Druck. Ich sorge für eine entspannte und abwechslungsreiche Arbeitsatmosphäre.

Wenn alte Lösungen zu neuen Problemen werden

In einer Krise stellt sich häufig heraus, dass es gerade die Lösungsansätze aus alten Zeiten sind, die aktuell die größten Probleme bereiten.

Beispiel

Haben sich vor zehn Jahren noch alle über die neuen Möglichkeiten und Freiheiten gefreut, die E-Mails und Mobiltelefone mit sich gebracht haben, so stellen sie heute für die meisten Firmen und Mitarbeiter große Stress- und Problemquellen dar.

Sie bündeln die Kräfte Ihres Teams und machen es widerstandsfähiger gegenüber Krisen, wenn Sie für ein offenes Arbeitsklima sorgen, in dem Routinen und gewohnte Vorgehensweisen immer wieder einmal hinterfragt werden. Nehmen Sie sich Zeit und nutzen Sie das kreative Potenzial Ihres Teams, um gemeinsam neue Lösungsansätze zu entwickeln.

Beispiel

Das alte Muster: Sie verplanen 80 % Ihrer Arbeitszeit mit Aufgaben, die zu erledigen sind, und halten sich 20 % der Zeit für Unvorhergesehenes frei.

Check: Macht dieses Vorgehen noch einen Sinn?

Ergebnis: In Umbruch- und Krisenzeiten müssen viel mehr Dinge spontan und auf Abruf erledigt werden. Sie brauchen mehr Pufferzeiten für Unvorhergesehenes. Verplanen Sie maximal 50 % Ihrer Arbeitszeit und lassen Sie 50 % Ihrer Zeit frei für Ad hoc-Aufträge.

Selbstregulation und Selbstfürsorge

Resiliente Mitarbeiter und Führungskräfte besitzen eine gute Selbstwahrnehmung, können gut für sich sorgen und mit ihren Kräften haushalten. Sie wissen, was sie tun müssen, um sich, ihre Mitarbeiter und Kollegen vor zu hohen oder chronischen Stressbelastungen zu schützen. Widerstandsfähige Mitarbeiter beherrschen die Kunst der Selbstregulation und sorgen für ein aktives Stress- und Regenerationsmanagement.

Einstellungen und Haltungen, die zu einer besseren Selbstregulation und -fürsorge führen, sind z. B.:

- Ich unterbreche meine Arbeit regelmäßig, mache eine Pause, gehe an die frische Luft und bewege mich zwischendurch.
- Ich nehme mir ausreichend Zeit für mein Mittagessen und schlinge es nicht während der Arbeit herunter.
- Wenn ich mich über etwas aufrege, dann nehme ich mir erst einmal die Zeit, mich selbst zu beruhigen und Abstand zu gewinnen.
- Ich achte darauf, dass ich ausreichend Schlaf bekomme.
- Ich weiß, dass ich nicht schneller gesund werde, wenn ich krank zur Arbeit gehe. Ich verlange das auch nicht von Kollegen und Mitarbeitern.

Selbstregulation und Power-Posen

Die Psychologin Amy Cuddy wies in Experimenten nach, dass bei Menschen, die zwei Minuten lang eine besonders kraftvolle Haltung, also eine Power-Pose, einnehmen, der Spiegel des Stresshormons Cortisol im Schnitt um 25 % sank und dafür der Testosteronlevel um 19 % anstieg. Die Teilnehmer zeigten daraufhin ein ruhigeres, selbstsichereres und insgesamt souveränes Auftreten – ein Ergebnis, das bei Männern und Frauen übrigens gleich war.

Um sich für ein wichtiges Gespräch oder einen anstrengenden Tag zu stärken, lohnt es sich also, den eigenen Körper darauf vorzubereiten. Nehmen Sie sich hin und wieder zwei Minuten Zeit und nehmen Sie eine Power-Pose ein. Stärkende Wirkung garantiert!

Hier sind einige der typischen Power-Posen:

- Setzen Sie sich für ein bis zwei Minuten hinter Ihren Schreibtisch und legen Sie entspannt die Füße auf den Tisch.
- Lehnen Sie sich gemütlich auf dem Stuhl zurück und verschränken Sie für zwei Minuten die Hände hinter Ihrem Kopf.
- Stellen Sie sich entspannt hin und stützen Sie die Hände in die Hüften.
- Lehnen Sie sich mit dem Bein lässig an einen Tisch und winkeln Sie es leicht an. Stützen Sie sich mit einer Hand auf der Tischplatte ab, die andere Hand stützen Sie in die Hüfte. Das andere Bein bleibt gestreckt.

Selbstverantwortung und Entschlossenheit

Ein wichtiger Schlüssel zur Resilienz ist die Übernahme von Selbstverantwortung. Es hilft nichts abzuwarten, bis andere sich ändern (z. B. der Chef, der Kollege oder das Unternehmen). Man muss selbst aktiv werden.

Resiliente Menschen machen lieber einen kleinen ersten Schritt in Richtung Veränderung, als gar nichts zu tun und passiv zu bleiben. Das Erleben von Selbstwirksamkeit setzt daher einen gewissen Mut und Tatkraft voraus.

Hilfreiche Fragestellungen, deren Beantwortung zu einem Mehr an Selbstverantwortung führen kann, sind z. B.:

- Was bräuchte ich, um mich hier und jetzt unabhängiger von den Entscheidungen anderer zu machen?
- Welche Entscheidung muss ich selbst als nächstes treffen, um wieder handlungsfähig zu werden?
- Stecke ich noch in einer Opferrolle fest? Fällt es mir schwer, einen eigenen Standpunkt zu vertreten und mich durchzusetzen?
- Welchen indirekten Vorteil habe ich vielleicht dadurch, dass ich passiv bleibe? Welchen Vorteil hätte ich, wenn ich stattdessen bereit bin, die Verantwortung für den nächsten Schritt zu übernehmen?

Übung: Echt starke Führung

Wenn wir in akuten Krisen feststecken, dann vergessen wir oft, wie viele Probleme wir in unserem Leben bereits meisterhaft gelöst haben und was wir schon alles bewegt und umgesetzt haben. Das gilt für uns selbst ebenso wie für Teams.

Nutzen Sie krisenfreie Zeiten, um sich bewusst zu machen, welche Führungsstärken Sie besitzen. Diese Führungsstärke betrifft auch die Selbstführung im Alltag, nicht nur die Stärke, ein Team zu führen.

Denken Sie an eine oder mehrere frühere Krisen zurück, die Sie am Ende gut überstanden haben. Notieren Sie ein paar Stichworte zu den folgenden Fragen:

- Was waren die Wendepunkte in Ihrem Leben, an denen Sie bereit waren, eine wichtige Entscheidung für Ihr Leben zu treffen und etwas in Ihrem Leben zu verändern?
- Was hat Ihnen geholfen, diese wichtige Entscheidung treffen zu können?
- Wenn ein guter Freund Sie beschreiben würde: Wie würde er Ihre Stärken in Sachen Selbstverantwortung definieren?
- In welchen Bereichen Ihres Lebens besitzen Sie eine gute Durchsetzungskraft? In welchem Bereich eher nicht? Was können Sie von dem einen Bereich für den anderen lernen?

Beziehungen, Netzwerke und Vorbilder

Die Inanspruchnahme und das Anbieten von Hilfe sowie die Pflege von Netzwerken und Beziehungen sind für resiliente Menschen von entscheidender Bedeutung. Fürsorge und gegenseitige Wertschätzung besitzen bei der Resilienzförderung einen hohen Stellenwert.

Nach dem Motto: „Walk what you talk!", sind sich Führungskräfte und Mitarbeiter ihrer eigenen Vorbildfunktion bewusst. Sie erwarten nichts von anderen, was sie selbst nicht leisten können oder wollen. Wichtige Fragen zur Förderung von guten Netzwerken können sein:

- Wen könnte ich um Hilfe anfragen? Wen kenne ich, der vielleicht schon eine ähnliche Situation erlebt hat?
- Welche Menschen sind mir wirklich wichtig? Mit wem möchte ich mich mehr umgeben?
- Welche Menschen tun mir zurzeit eher nicht so gut? Zu wem bräuchte ich mehr Abstand?

Unbewusstes Nachahmen starker Vorbilder

Die Resilienzforschung hat gezeigt, wie wichtig Vorbilder für uns sind. Sie dienen uns in Krisenzeiten als wichtige Ratgeber. Von ihnen können wir uns hilfreiche Ideen und Verhaltensweisen abschauen. Doch wie kommt es, dass wir von Vorbildern so lernen können? Diese Effekte, die wir in der zwischenmenschlichen Beziehung und Kommunikation beobachten können, werden „Resonanz-Phänomene" genannt. Verantwortlich für Empathie und soziales Lernen sind unsere Spiegelneuronen. Dies sind Nervenzellen des Gehirns, die im eigenen Körper einen bestimmten Vorgang, z.B. eine Handlung oder eine Empfindung steuern. Interessanterweise werden sie jedoch auch dann aktiv, wenn wir den gleichen Vorgang bei einer anderen Person beobachten. Diese Resonanz setzt spontan, unwillkürlich und ohne Nachdenken ein.

Seien Sie sich also bewusst, dass Kollegen nicht nur mitempfinden, wenn es Ihnen einmal nicht so gut geht, Sie können Sie auch mit Ihrem Lachen oder Ihrer guten Laune anstecken – wohl jeder kennt das Phänomen. Zeigen Sie also immer wieder ein resilientes Verhalten, um auch die Resilienz Ihrer Teammitglieder zu fördern: Strecken Sie sich zwischendurch, entspannen Sie sich, machen Sie eine Pause. Seien Sie freundlich zu anderen, lächeln Sie im Gespräch, pflegen Sie einen wertschätzenden Umgangston und eine offene Haltung. Machen Sie sich auch bewusst, welche Signale Ihr eigenes Verhalten aussendet. Welche Erwartungshaltungen werden geweckt, wenn Sie nachts noch E-Mails verschicken oder selbst krank zur Arbeit kommen?

Zukunftsgestaltung und Visionsentwicklung

Resiliente Menschen nehmen Einfluss auf ihre Zukunft, indem sie klare Visionen und Werte für sich entwickeln, nach denen sie leben möchten. Die Sinnhaftigkeit des Lebens und der Arbeit spielt eine entscheidende Rolle für die Entwicklung und den Erhalt von Resilienz.

Beschließen Sie orientiert an neuen Visionen einschneidende Veränderungen, kann dies zunächst Auslöser für vorübergehende Krisen und Veränderungsprozesse sein. Hindernisse auf dem Weg zum Ziel zu überwinden, bedeutet für resiliente Menschen jedoch, sinnvolle Erfahrung zu machen. Sie wissen, dass sie an Problemen wachsen können und dass eine Krise die Chance ist, einen neuen wichtigen Schritt in die Zukunft zu wagen.

Hilfreiche Fragen können hier sein:

- Welchen Sinn könnte die gegenwärtige Krise machen?
- Welche Fähigkeiten muss ich bzw. müssen wir als Team entwickeln, um für die Zukunft gestärkt aus kommenden Krisen hervorgehen zu können?

- Welche gemeinsamen Werte verbinden uns? Inwieweit kann uns die Krise dabei helfen, neue Werte zu entwickeln, die wir gemeinsam tragen können?
- Welche Unternehmensziele haben die Krise vielleicht ausgelöst?

Planung für das Hier und Jetzt

Wir sind es gewohnt, uns klare Ziele zu setzen, Prognosen für die Zukunft zu machen und auf Basis unserer Prognosen und Einschätzungen Entscheidungen über das weitere Vorgehen zu treffen, Pläne zu erstellen und unseren Tag zu organisieren. In Krisenzeiten und bei Dauerstress, so wie er uns heute begegnet, werden wir immer wieder mit neuen Informationen überschüttet, manchmal – dank E-Mail, Smartphones & Co. – im Minutentakt. Es bleiben uns kaum die nötigen Auszeiten, um Informationen in Ruhe auszuwerten, zu sortieren, Prioritäten zu setzen, um dann nach einem Plan vorzugehen.

- Planen Sie bei den meisten Aktivitäten generell mehr Pufferzeiten ein. Nur so können Sie ausreichend flexibel und ad hoc auf die aktuellen Anforderungen reagieren.
- Viele Mitarbeiter arbeiten heute unter Bedingungen, in denen sie noch maximal 10 % ihrer Zeit für Aufgaben verplanen können und zu 90 % spontan reagieren müssen. Setzen Sie sich mit Kollegen, Vorgesetzten und Mitarbeitern zusammen. Besprechen Sie, wie es bei jedem einzelnen gerade aussieht. So können Sie sich gemeinsam besser auf die Gegebenheiten einstellen.

- Wechseln Sie flexibel zwischen Phasen der strategischen Makro- und der gegenwärtigen Mikro-Planung. Bleiben Sie geduldig an langfristigen Zielen dran, rechnen Sie aber damit, dass Sie in Krisenzeiten andere Wege gehen müssen als ursprünglich geplant. Viele davon sind ihnen unbekannt. Stellen Sie sich also darauf ein, mit Ihrem Team immer wieder neue Lernerfahrungen zu machen.

Improvisationsvermögen

Krisenkompetenz heißt auch, Lernprozessen einen Raum zu geben, neue Denk-, Verhaltensmuster und Routinen zu entwickeln. Nicht genau zu wissen, was im nächsten Moment geschieht, ist wichtiger Teil eines Erneuerungsprozesses. Im Umgang mit dem Unerwarteten müssen Führungskräfte z.B. in der Lage sein, sofort Entscheidungen zu treffen und mit dem zu arbeiten, was gerade da ist. Sie müssen sich auf Unbekanntes einlassen und Experimentierfelder schaffen. Improvisationsvermögen beim Umgang mit unvorhergesehenen Ereignissen ist daher von zentraler Bedeutung für den Aufbau von Widerstandskraft.

Lern- und Fehlerkultur

In Erneuerungszeiten gehören Fehler einfach dazu, um Erkenntnisse zu gewinnen. Sie lernen das Falsche, wenn Sie nicht die richtigen Fehler machen.

- Werden Sie daher hellhörig, wenn Ihnen Ihre Kollegen und Mitarbeiter in Krisenzeiten immer wieder versichern, dass alles in bester Ordnung ist und alles glatt läuft.
- Seien Sie wachsam, wenn Sie bemerken, dass immer wieder die gleichen Fehler vorkommen. Sie stecken dann in einer unproduktiven Schleife fest und brauchen dann eventuell erst einmal Zeit, um nach neuen Lösungsansätzen zu suchen.

Vielseitigkeit und Varianz

Sie sind auf dem richtigen Weg zum Aufbau von mehr Flexibilität und Widerstandskraft, wenn Sie sich und Ihrem Team angewöhnen, immer wieder neue Fehler zu machen. Das ist ein Zeichen von Veränderung und Fortschritt. Ein Zeichen von Resilienz ist Vielseitigkeit und Varianz. Kommen neue Aufgaben und unbekannte Situationen auf Sie zu, steigt mit der Vielseitigkeit auch die Wahrscheinlichkeit, dass jemand im Team mit der Situation umgehen kann.

Umso mehr Lernfelder, Spiel- und Experimentierräume Sie sich und Ihren Mitarbeitern einräumen, desto mehr neue Kompetenzen, Fertigkeiten und damit auch Resilienz können Sie gemeinsam aufbauen.

Auf einen Blick: Acht Faktoren, die stark machen

- Resilienz ist nicht eindimensional. Es bedarf mehrerer Faktoren, damit wir widerstandsfähiger und flexibler werden.
- Acht Faktoren machen uns besonders stark: Optimismus, Akzeptanz, Löstungsorientierung, Selbstregulation, Selbstverantwortung, Beziehungen und Netzwerke, Zukunftsgestaltung und Improvisationsvermögen.
- Sie alle können von uns beeinflusst werden, wenn wir an ihnen arbeiten.
- Der sog. Resilienz-Zirkel ist ein Ansatz, der alle diese Faktoren integriert und so bei der Verbesserung der Resilienz auf allen Ebenen hilft.

Und Ihre Resilienz?

Nachdem Sie nun wissen, wovon Resilienz abhängig ist und was sie für Einzelne und in Unternehmen bewirken kann, geht es in diesem Kapitel um Ihre Resilienz. Mittels Tests und Übungen finden Sie heraus,

- wo Ihr Unternehmen in puncto Resilienz steht,
- wie es um Ihre persönliche Widerstandsfähigkeit bestellt ist,
- wie Sie Ihre Resilienz verbessern können.

Wie steht es um die Resilienz Ihres Unternehmens?

Um in Unternehmen mehr Resilienz zu schaffen, sind zwei Perspektiven wichtig: zum einen geht es darum, die Resilienz des Unternehmens selbst und zum anderen die der Mitarbeiter zu fördern. Dabei werden wir von unterschiedlichen Fragestellungen geleitet.

Fragen zur Resilienzförderung	
Unternehmensbezogen	**Mitarbeiterbezogen**
▪ Welche Werte verfolgen wir? Zielen wir auf eine kurzfristige Gewinnmaximierung oder auf nachhaltiges Wirtschaften? ▪ Nach welchen Kriterien treffen wir Entscheidungen über Investitionen? ▪ Gegen welche Art von Krisen wollen wir das Unternehmen absichern? Naturkatastrophen, Wirtschaftskrisen, Terror, Gesundheitsrisiken, Seuchen? ▪ Welche Leitsätze prägen unsere Arbeitsweise, das Arbeitsklima und unsere Unternehmenskultur?	▪ Wie stärke ich meine persönlichen Schutzfaktoren? ▪ Wie schaffe ich eine resiliente Arbeitsumgebung? ▪ Wie schaffe ich resiliente Arbeitsabläufe? ▪ Wie gehe ich mit Stress und Belastungen um? ▪ Wie fördere ich die Resilienz meiner Mitarbeiter?

Eine erste Orientierung auf dem Weg zu einem resilienten Unternehmen kann Ihnen eine kleine Bestandsaufnahme in Form eines Testes geben. Mit den folgenden Fragen können

Sie erste Erkenntnisse darüber gewinnen, wie es um die Resilienz in Ihrem Unternehmen bestellt ist. Der Test ersetzt natürlich keine ausführliche Bestandsaufnahme, zeigt aber auf, welche Aspekte der Resilienzförderung in Ihrem Unternehmen bereits zum Unternehmensalltag gehören und welche nicht.

Kreuzen Sie in der nachfolgenden Tabelle an, wie Sie die derzeitige Situation in Ihrem Unternehmen wahrnehmen. Vergeben Sie dabei folgende Wertungen.

– –	Nein, so gut wie gar nicht.
–	Nein, eher selten.
0	Kommt darauf an, mal so mal so.
+	Ja, häufig.
++	Ja, sogar meistens.

Ansätze für die betriebliche Resilienzförderung	––	–	0	+	++
Optimismus/Selbsteinschätzung					
▪ Pflegen wir einen wertschätzenden Umgangston?					
▪ Nehmen wir die Qualitäten und Stärken unserer Mitarbeiter wertschätzend zur Kenntnis?					
Akzeptanz/Realitätsbezug					
▪ Arbeiten wir mit realistischen Ziel- und Leistungsvorgaben?					

Ansätze für die betriebliche Resilienzförderung	--	–	0	+	++
▪ Haben wir ausreichende materielle und personelle Ressourcen, um Engpässe abdecken zu können?					
Lösungsorientierung/Kreativität					
▪ Geben wir der Suche nach Lösungen und kreativen Prozessen ausreichend Zeit und Raum?					
▪ Fragen wir bei internen Problemen auch Außenstehende um ihre Meinung?					
Selbstregulation/Selbstfürsorge					
▪ Geben wir Mitarbeitern Gelegenheit, auch ihren Gefühlen von Druck, Belastungen und Überforderung Ausdruck zu geben?					
▪ Erhalten Mitarbeiter ausreichend Zeit für Regenerations- und Erholungsphasen?					
Selbstverantwortung/Selbstwirksamkeit					
▪ Gibt es bei uns Klarheit über Zuständigkeiten, Befugnisse und Entscheidungskompetenzen?					
▪ Besitzen unsere Mitarbeiter ausreichend Entscheidungsspielräume, um in Krisensituationen selbst aktiv werden und entscheiden zu können?					

Ansätze für die betriebliche Resilienzförderung	--	–	0	+	++
Beziehungen/Netzwerke					
▪ Bieten wir Mitarbeitern ausreichende Unterstützung an, z. B. Training, Coaching?					
▪ Nehmen wir uns regelmäßig Zeit für Feedbackgespräche?					
Zukunftsgestaltung/Visionsentwicklung					
▪ Sorgen wir für eine nachhaltige Weiterbildung unserer Mitarbeiter?					
▪ Spiegeln sich die Themen Gesundheit und Resilienzförderung in unserer Firmenphilosophie und in unseren Leitsätzen wider?					
Improvisationsvermögen/Lernbereitschaft					
▪ Sprechen wir offen über die Tatsache, dass wir nicht immer nach Plan vorgehen können und häufig improvisieren müssen?					
▪ Gewähren wir Spielräume für neue Lernerfahrungen und Entwicklungsprozesse?					
Gesamtsumme					

Auswertung

Zählen Sie nun zusammen, wie viele Plus-, Null- und Minuspunkte Sie jeweils gesetzt haben. Hierbei gilt folgende Wertung:

Wertung		Ihr Ergebnis:
– –	– 2 Punkte	
–	– 1 Punkt	
0	0 Punkte	
+	+ 1 Punkt	
++	+ 2 Punkte	
Gesamtergebnis		

Haben Sie überwiegend Punkte im Minus-Bereich?

Keine Sorge. Sie befinden sich in guter Gesellschaft. Resilienzförderung im Unternehmen ist noch ein sehr neues Thema für die meisten Unternehmer und Führungskräfte. Eine gute Gelegenheit das Thema Resilienz beim nächsten Meeting anzusprechen. Nehmen Sie sich die Zeit, mit Ihrem Vorgesetzten, mit Kollegen oder Ihrem Team einige der Fragen durchzusprechen. Wie können Sie die Situation verbessern? Wie können Sie sich gegenseitig stärken und Kraft geben? Wäre es vielleicht hilfreich, sich zum Thema Resilienz einmal beraten oder weiterbilden zu lassen?

Haben Sie mehr Punkte im neutralen Bereich?

Gratulation! Die Grundsteine für eine resiliente Unternehmenskultur sind gelegt! Damit ist schon einmal viel gewonnen! Nutzen Sie die nächste Gelegenheit, jene Punkte, die sie negativ oder neutral bewertet haben, im Unternehmen anzusprechen. Wie können Sie die Situation weiter verbessern? Wie können Sie sich gegenseitig noch mehr stärken und Kraft geben? Wäre es vielleicht hilfreich, sich zum Thema Resilienz einmal beraten oder weiterbilden zu lassen?

Haben Sie mehr Punkte im Plus-Bereich?

Herzlichen Glückwunsch! Sie arbeiten in einem der wenigen Unternehmen, in denen für eine resiliente Unternehmenskultur schon eine Menge unternommen wurde oder wird oder von Natur aus vorliegt. Antworten, die Sie im neutralen oder negativen Bereich beantwortet haben, geben Ihnen Anregung, das Thema Resilienz mit Ihren Kollegen oder Mitarbeitern noch weiter zu vertiefen.

Wie steht es um Ihre persönliche Resilienz?

Die nachfolgende Selbstreflexion zu Ihrer individuellen Resilienz ist nicht als psychologischer und wissenschaftlicher Resilienz-Test gedacht. Dennoch kann Ihnen der Test eine Orientierung darüber geben, welche Resilienzfaktoren bei Ihnen stark oder weniger stark ausgeprägt sind.

Stellen Sie sich bei der Beantwortung der Fragen einen Kontext vor, der Sie gerade beschäftigt. Sie können die Fragen so für verschiedene Lebensbereiche, Rollen und Themen durchgehen und damit erkennen, wie unterschiedlich Ihre Resilienz je nach Zusammenhang ausgeprägt sein kann.

- Wählen Sie ein Thema aus dem beruflichen Kontext als Mitarbeiter, als Führungskraft oder als Unternehmer.
- Wählen Sie ein Thema aus dem privaten Kontext als Kind, als Partner oder als Elternteil.
- Wählen Sie ein Thema aus Ihrem Freizeitbereich als Freund, als Vereinsmitglied oder als Sportler.

Vergeben Sie dabei folgende Wertungen:

– –	Nein, trifft auf die Situation gar nicht zu.
–	Trifft auf die Situation selten zu.
0	Kommt darauf an, mal so mal so.
+	Trifft auf die Situation nur manchmal zu.
++	Ja, trifft auf die Situation meistens zu.

Ihre persönliche Resilienz	––	–	0	+	++
Optimismus/Selbsteinschätzung					
▪ Ich sehe das Glas eher halb voll als halb leer und bin optimistisch, dass die Krise wieder vorbeigeht.					
▪ Ich weiß, was ich kann und traue mir zu, mit der Situation gut zurecht zu kommen.					

Ihre persönliche Resilienz	--	-	0	+	++
Akzeptanz/Realitätsbezug					
▪ Ich akzeptiere meine Leistungsgrenzen und mache mir realistische Zielvorgaben.					
▪ Ich akzeptiere, dass Krisen zum Leben dazu gehören und mich mein Problem derzeit sehr herausfordert.					
Lösungsorientierung/Kreativität					
▪ Ich erkenne die Probleme und traue mich diese auch offen anzusprechen.					
▪ Ich traue mir und anderen zu, Lösungen für die anstehenden Probleme zu finden.					
Selbstregulation/Selbstfürsorge					
▪ Ich sorge gut für mich und nehme mir meine Regenerations- und Auszeiten.					
▪ Ich weiß, was ich zur Entspannung brauche, um mit dem Stress und den Ängsten besser umgehen zu können.					
Selbstverantwortung/Selbstwirksamkeit					
▪ Ich warte nicht ab, bis andere eine Entscheidung für mich treffen, sondern übernehme Selbstverantwortung.					

Ihre persönliche Resilienz	––	–	0	+	++
▪ Auch wenn der nächste Schritt, den ich gehen kann, nur sehr klein ist, ist er besser, als nichts zu tun und passiv zu bleiben.					
Beziehungen/Netzwerke					
▪ Ich muss nicht alles alleine schaffen. Wenn ich überfordert bin und nicht mehr weiter weiß, dann hole ich mir in der Situation Hilfe und Unterstützung.					
▪ Ich weiß, dass ich durch mein Verhalten auch das der anderen beteiligten Personen mitpräge.					
Zukunftsgestaltung/Visionsentwicklung					
▪ Ich kann mir vorstellen, wie sich mein Leben verändern wird, wenn ich dieses Problem gemeistert habe.					
▪ Ich habe eine Idee, inwieweit der Konflikt, den ich gerade habe, sich gegen meine Wertvorstellungen richtet.					
Improvisationsvermögen/Lernbereitschaft					
▪ Ich erlaube mir, mit der Situation zu experimentieren, Fehler und neue Lernerfahrungen zu machen.					

Ihre persönliche Resilienz	––	–	0	+	++
▪ Ich kann das Veränderungsangebot erkennen, welches mit meinem Konflikt verbunden ist.					
Gesamtsumme					

Auswertung

Zählen Sie nun zusammen, wie viele Plus-, Null- und Minuspunkte Sie jeweils gesetzt haben. Hier gilt folgende Wertung:

Wertung		Ihr Ergebnis:
– –	– 2 Punkte	
–	– 1 Punkt	
0	0 Punkte	
+	+ 1 Punkt	
++	+ 2 Punkte	
Gesamtergebnis		

Haben Sie überwiegend Punkte im Minus-Bereich?

Bei den Fragen, die Sie im Minusbereich beantwortet haben, sucht Ihr System noch hilfreiche Ideen dafür, wie Sie besser mit der gegenwärtigen Situation umgehen können. Sehen Sie sich an, welche Resilienzfaktoren eine Stärkung benötigen und nutzen Sie hierzu die Übungen im nächsten Abschnitt.

Haben Sie überwiegend Punkte im neutralen Bereich?

Sie haben schon ein ganz gutes Gefühl dafür, Strategien einzusetzen, die Sie stark machen. Um noch mehr Power im Umgang mit Ihrem Problem zu entwickeln, schauen Sie sich die Übungen im nachfolgenden Abschnitt an und wählen Sie solche aus, die sie im Zusammenhang mit Ihrem Thema ansprechen oder zu deren Thema Sie eine Antwort im Minus-Bereich hatten.

Haben Sie überwiegend Punkte im Plus-Bereich?

Herzlichen Glückwunsch! Sie sind auf einem guten Weg, Ihr Problem zu meistern. Sie brauchen noch Verstärkung? Schauen Sie sich die Übungen im nachfolgenden Kapitel an und wählen Sie diejenigen aus, die sie im Zusammenhang mit Ihrem Thema ansprechen oder zu deren Thema Sie eine Antwort im neutralen oder Minus-Bereich hatten.

Übungen zur Resilienzförderung

Nutzen Sie die nachfolgenden Vertiefungsfragen, um die damit angesprochenen Resilienzfaktoren zu aktivieren oder noch weiter zu stärken.

So aktivieren und stärken Sie Resilienzfaktoren	
Optimismus/Selbsteinschätzung	
▪ Meine Krisenkompetenz	Welche Krisen haben Sie in Ihrem Leben bereits erfolgreich überstanden?
▪ Meine Fertigkeiten	Erstellen Sie eine Liste mit zehn Dingen, die Sie gut können (Fertigkeiten, Talente, Eigenschaften). Bitten Sie Freunde, Kollegen und Partner hierzu um ein Feedback.
Akzeptanz/Realitätsbezug	
▪ Aus der Krise lernen	Kennen Sie jemanden, der mit seinem Geld-, Zeit- und Energie-Management gut klarkommt? Fragen Sie ihn, wie er das macht. Überlegen Sie gemeinsam, wie Sie seine Strategie auf Ihre Lebenssituation übertragen können.
▪ Die Krise als Chance	Wenn Sie in die Zukunft schauen und sich vorstellen, dass Sie das Problem eines Tages gut gemeistert haben, was glauben Sie, wird Ihre größte Lernerfahrung daraus gewesen sein?

So aktivieren und stärken Sie Resilienzfaktoren	
Lösungsorientierung/Kreativität	
▪ Probleme ansprechen	Welchen sicheren Rahmen bräuchten Sie, um den Konflikt oder das Problem offen anzusprechen? Wie könnten Sie diesen Rahmen selbst herstellen?
▪ Perspektivwechsel	Wenn Sie das Problem nicht lösen können, wer könnte es dann tun? Und wie würde er oder sie das tun?
Selbstregulation/Selbstfürsorge	
▪ Sich selbst etwas Gutes tun	Schreiben Sie auf, was Sie jeweils in den nächsten drei Tagen Gutes für sich tun möchten. Beginnen Sie dann sofort den ersten Punkt auf Ihrer Liste umzusetzen. Setzen Sie in drei Stunden den nächsten Punkt um. Arbeiten Sie die Liste in den nächsten drei Tagen ab.
▪ Regeneration und Entspannung	Notieren Sie zehn Dinge, die Ihnen normalerweise Spaß machen und bei denen Sie gut entspannen können. Setzen Sie den ersten Punkt auf der Liste sofort um. Setzen Sie morgen den nächsten Punkt um, übermorgen den dritten Punkt etc.

So aktivieren und stärken Sie Resilienzfaktoren	
Selbstverantwortung/Selbstwirksamkeit	
▪ Aktiv werden	Notieren Sie, auf welche Entscheidungen Sie gerade warten und wer der jeweilige Entscheidungsträger ist. Nehmen Sie sich dann eine Person von der Liste vor und bitten Sie sie, die nötige Entscheidung so schnell wie möglich zu treffen. Vereinbaren Sie einen festen Termin für eine Rückmeldung und bleiben Sie so lange dran, bis Sie die Entscheidung haben. Gehen Sie dann zum nächsten Punkt über.
▪ Versteckte Vorteile	Was haben Sie davon, dass Sie in einer lange vor sich hergeschobenen Sache untätig bleiben? Schreiben Sie fünf Vorteile auf. Genießen Sie diese Vorteile solange ganz bewusst, bis Sie einen größeren Vorteil darin erkennen, etwas zu verändern.
Beziehungen/Netzwerke	
▪ Andere um Hilfe bitten	Warum macht es Ihnen Spaß anderen zu helfen? Gönnen Sie anderen auch dieses angenehme Gefühl? Fragen Sie einen Menschen ganz konkret um Hilfe zu Ihrem aktuellen Anliegen.

So aktivieren und stärken Sie Resilienzfaktoren	
▪ Vorbilder finden	Notieren Sie am besten auf einem DIN A 3-Blatt: Wer hat Sie im Leben am meisten beeinflusst? Welche Vorbilder hatten Sie? Welche Vorbilder haben Sie negativ und welche haben Sie positiv beeinflusst? Wie möchten Sie von anderen gesehen werden?
Zukunftsgestaltung/Visionsentwicklung	
▪ Vision entwickeln	Notieren Sie Ihr derzeit größtes Problem auf einem Zettel. Wie wird sich Ihr Leben verändern, wenn Sie das Problem nicht meistern? Können Sie sich bereits jetzt vorstellen, wie sich Ihr Leben ändern wird, wenn Sie das Problem erst gemeistert haben?
▪ Werte erkennen	Kennen Sie Ihre zehn wichtigsten Werte? Wenn nein: Machen Sie sich eine Liste mit den Dingen, die Ihnen im Leben am wichtigsten sind.
Improvisationsvermögen/Lernbereitschaft	
▪ Fehler als Chance	Was wird passieren, wenn Sie sich nicht trauen Fehler zu machen und nicht dazu zu lernen? Welche Lernchance könnten Sie verpassen?
▪ Angebote erkennen	Welche Ressourcen (Angebote) können Sie sofort nutzen, um Ihre Situation zu verändern?

Stichwortverzeichnis

Literatur

Gabriele Amann, Resilienzförderung nach dem Bambus-Prinzip®. Methoden der Improvisation und Bodybliss im systemischen Coaching, in: Andras Wienands (Hrsg.), System & Körper – Der Körper als Ressource in der systemischen Praxis, Göttingen 2014.

Gabriele Amann, Frank Alkenbrecher, Das Sowohl-als-auch-Prinzip. Resilienz: Mit Sicherheit stark durch die Krise, Berlin 2014.

Divo G. Müller, Robert Schleip, Fascial Fitness: Fascia oriented training for bodywork and movement therapies, 2011, IASI Yearbook 2011, S. 68–77.

Stephen W. Porges: Die Polyvagal-Theorie, Neurophysiologische Grundlagen der Therapie, Junfermann 2010

Daniel J. Siegel, Mindsight – Die neue Wissenschaft der persönlichen Transformation, München 2012.

Karl E. Weick/Kathleen M. Sutcliffe, Managing the Unexpected: Resilient Performance in an Age of Uncertanty, 2. Aufl. San Francisco 2007.

Maja Storch, Benita Cantieni, Gerald Hüther, Wolfgang Tschacher, Embodiment. Die Wechselwirkung von Körper und Psyche verstehen und nutzen, 2. Aufl., Bern 2010.

Emmy E. Werner, Risiko und Resilienz im Leben von Kindern aus multiethnischen Familien, in: Margherita Zander (Hrsg.), Handbuch Resilienzförderung, Wiesbaden 2011.

Andrew Zolli, Resilience: Why Things Bounce Back, New York 2012.

Impressum

Bibliografische Information der Deutschen Nationalbibliothek
Die Deutsche Nationalbibliothek verzeichnet diese Publikation in der Deutschen Nationalbibliografie; detaillierte bibliografische Daten sind im Internet über http://dnb.dnb.de abrufbar.

Print: ISBN: 978-3-648-06890-8 Bestell-Nr.: 10703-0002
ePub: ISBN: 978-3-648-06891-5 Bestell-Nr.: 10703-0101
ePDF: ISBN: 978-3-648-06892-2 Bestell-Nr.: 10703-0151

Ella Gabriele Amann
Resilienz
2. Auflage 2015

Redaktionsanschrift: Fraunhoferstraße 5, 82152 Planegg/München
Telefon: (089) 895 17-0
Telefax: (089) 895 17-290
Internet: www.haufe.de
E-Mail: online@haufe.de

Redaktion: Jürgen Fischer
Redaktionsassistenz: Christine Rüber
Lektorat: Nicole Jähnichen, 81247 München
Umschlag: Kienle gestaltet, Stuttgart
Umschlaggestaltung: RED GmbH, 82152 Krailling
Satz und Druck: Beltz Bad Langensalza GmbH, 99947 Bad Langensalza

Die Autorin

Ella Gabriele Amann

ist seit über 15 Jahren Trainerin und Coach in den Bereichen Kommunikation, Gesundheitsförderung, Stress- und Burnout-Prophylaxe. Mit Qualifikationen als Systemischer Coach, Systemische Familientherapeutin und NLP-Trainerin initiiert und leitet sie u.a. Train-the-Trainer-Maßnahmen und Workshops zu den Themen Kommunikation, Leadership, Embodiment und Resilienz. Seit 2010 ist sie Leiterin der impro live! Akademie für Angewandte Improvisation und des Resilienz-Forum Berlin.

Weitere Literatur

„Feedbackgespräche", von Anja von Kanitz, 128 Seiten, EUR 6,95, ISBN 978-3-648-04966-2, Bestell-Nr. 00998

„Lernen aus Fehlern", von Elke Schüttelkopf, 128 Seiten, EUR 7,95, ISBN 978-3-648-06704-8, Bestell-Nr. 01362

„Optimistisch denken", von Elke Nürnberger, 128 Seiten, EUR 6,95, ISBN 978-3-648-05227-3, Bestell-Nr. 00342